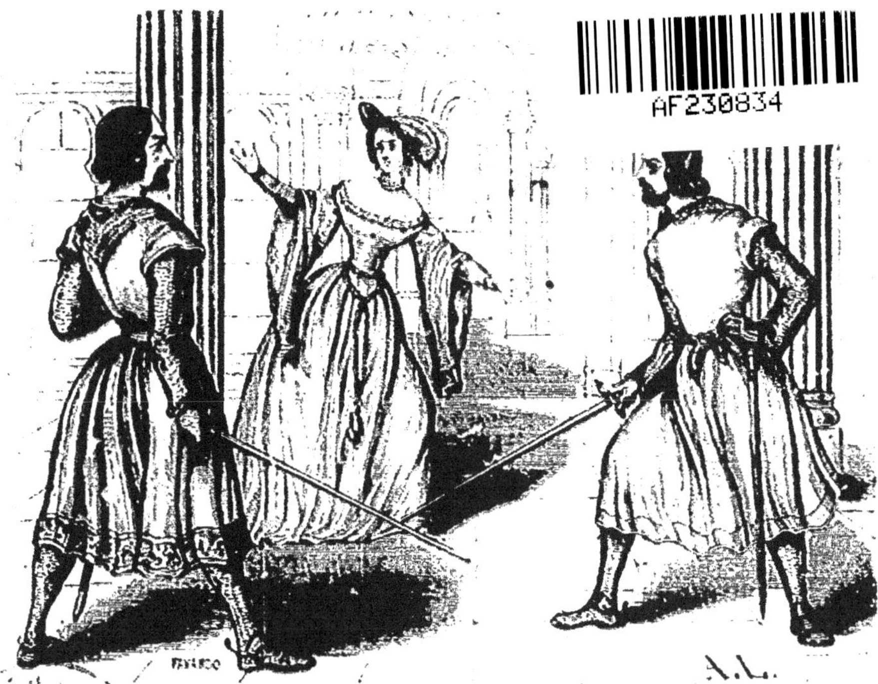

MARIA PADILLA,

CHRONIQUE ESPAGNOLE, EN TROIS ACTES, UN PROLOGUE ET UN ÉPILOGUE,

Par M. Rosier,

MUSIQUE DE M. DOCHE, DÉCORS DE M. COUTANT.

REPRÉSENTÉE POUR LA PREMIÈRE FOIS, A PARIS, SUR LE THÉÂTRE NATIONAL DU VAUDEVILLE, LE 9 DÉCEMBRE, 1837.

PERSONNAGES.	ACTEURS.	PERSONNAGES.	ACTEURS.
LUCIO.	M. Lafont.	MARIA PADILLA	Mme Doran
PALMI.	M. Leduc.	BLANCHE DE BOURBON, reine de Castille.	Mlle Ballard
DON FRÉDÉRIC D'ARAGON, grand-maître de Saint-Jacques.	M. Hippolyte.	ANGELO, page de la reine.	Mlle Maxel
DON PEDRE, roi de Castille.	M. Fontenay	UN OFFICIER DES GARDES	
NABAL, Juif.	M. Ballard.	UN HOTELIER.	
DON TELLO D'ARAGON.	M. Louis.	PEUPLE, GARDES, MASQUES, GENTILS-	
DON HENRI DE TRANSTAMARE.	M. Félix.	HOMMES, DAMES D'HONNEUR, etc.	
UN HOMME DU PEUPLE.			

Vers 1360.

Nota. L'aspect scénique et la place des personnages sont relatifs aux spectateurs.

~~~~~~

PROLOGUE.

place publique. A droite et à gauche, latéralement, sur le premier plan, une hôtellerie. Une table devant celle de droite.

SCÈNE PREMIÈRE.

Peuple allant de droite à gauche, s'arrêtant, et designant la cantonnade à gauche.

CHŒUR DU PEUPLE.

Air *du Duel sous Richelieu* (de Doche).

Voyez là-bas, là-bas, c'est elle !
Elle triomphe dans ce jour.
Le prince, à son amour fidèle,
Enfin la rappelle à la cour.

FRÉDÉRIC, TELLO, HENRI.

Tous trois sont enveloppés dans de grands manteaux et portent de larges chapeaux rabattus sur les yeux. Ils s'avancent à travers la foule, sur le devant de la scène.

FRÉDÉRIC, *regardant à gauche.* Le cortège n'est pas encore arrivé sur le pont.
HENRI. Quelle foule !
FRÉDÉRIC. C'est là que nous pourrons

* L'étendue de l'ouvrage et la longueur des entr'actes, nécessitée par les changemens de décors et de costumes, ont déterminé l'auteur à supprimer L'ÉPILOGUE à la première représentation. Toutefois, cet Épilogue n'étant pas seulement une action, mais une moralité, l'auteur engage les Directeurs de province à arranger leur théâtre et leurs entr'actes pour pouvoir le jouer. Il y aura avantage pour eux à le représenter en entier.

15.
~~~~~~

observer les dispositions du peuple... cela est nécessaire à mes projets.

LE PEUPLE, *sortant à gauche.* Vive le roi !

TELLO, *Entendez-vous ces cris : Vive le roi ?...* c'est l'amour, l'enthousiasme !

FRÉDÉRIC. La peur ou l'intérêt plutôt.

HENRI. Mais si on allait nous reconnaître ?

FRÉDÉRIC. Sous ces larges manteaux ?... quelle apparence ?... on nous prendra pour des Valenciens.

TELLO. Silence ! voici quelqu'un.

SCENE II.

LES MÊMES, ANGELO.

Angelo porte un grand manteau et un large chapeau. Il cherche, n'aperçoit pas les trois frères et disparaît à gauche.

FRÉDÉRIC. C'est Angelo..... il nous cherche.

HENRI. Ce jeune page te suit partout comme ton ombre ; il a ta confiance, c'est dangereux !... un enfant étourdi, indiscret sans doute !...

FRÉDÉRIC. Étourdi, oui ; indiscret, non ; c'est l'enfant gâté de notre jeune reine ; elle l'aime comme si c'était son fils.

TELLO. La reine, soit ; mais toi ?

FRÉDÉRIC. Lorsqu'il y a trois mois, j'allai par les ordres du roi, au-devant de la future reine, jusqu'à Narbonne, pour la recevoir, je trouvai près d'elle ce page, si empressé, si zélé, si dévoué... il me provoqua d'amitié d'une si touchante façon, que, malgré mon rang et la différence de nos âges, je ne pus me défendre de l'aimer, de lui permettre la familiarité qu'il se permet avec tout le monde... C'est une âme forte sous une enveloppe si frêle encore...

HENRI, *apercevant Angelo qui revient.* Il nous a vus *.

ANGELO, *accourant.* Ah ! je vous cherche. Eh bien, monseigneur ! ce n'est pas une calomnie contre le roi ?... il est bien vrai qu'elle arrive ?

FRÉDÉRIC. Dans quelques minutes, elle sera sur cette place.

ANGELO. Quelle indignité ! le bruit avait couru qu'elle avait été tuée cette nuit sur la route.

HENRI. Silence !

ANGELO. Vous avez raison, mais je n'aurai pas la patience d'attendre... On dit qu'elle est belle à me faire trembler pour la reine... Je cours jusqu'au pont, et je grimperai pour la voir sur les épaules de quelque manant.

* Angelo, Frédéric, Tello, Henri.

FRÉDÉRIC. Point d'imprudence !

ANGELO. Soyez tranquille. Je vous retrouverai là ?

Il disparaît à gauche.

SCENE III.

PALMI, *il porte un costume de chanteur misérable, capuchon à ce costume,* FRÉDÉRIC, HENRI, TELLO.

PALMI, *sortant de l'hôtellerie à gauche, à part.* Des étrangers !... bonne aubaine !

Il fait quelques arpéges sur sa mandoline

FRÉDÉRIC. Dis-moi, Castillan ?

PALMI. Vous êtes des seigneurs étrangers, je présume ?... Désirez-vous voir les curiosités de Valladolid ?... je me mets à vos ordres.

FRÉDÉRIC, *lui donnant une pièce d'argent* C'est bien.

PALMI, *à part.* Je me trompais, ce sont des agens secrets qui me donnent de l'or pour que j'aille crier : Vive le roi ! (*Haut.*) J'y cours... Vive le roi !

FRÉDÉRIC. Où vas-tu ?

PALMI. Gagner l'argent que vous m'avez donné.

FRÉDÉRIC. Viens donc ici !

PALMI. C'est que, ce matin, j'en ai reçu autant pour le même objet, et je croyais...

FRÉDÉRIC. Nous sommes étrangers, arrivés depuis une heure à Valladolid, et nous voulons savoir la cause de ce mouvement extraordinaire dans la ville.

PALMI. Je m'en vais vous le dire.

FRÉDÉRIC, *lui donnant de l'argent après avoir fait signe à ses frères de se tenir au fond en cas de surprise.* Tu ne mentiras pas ?

PALMI. Me payez-vous pour ça ?

FRÉDÉRIC. Non.

PALMI, *mystérieusement.* Alors, voici le fait : Il y a trois mois, notre bien-aimé souverain...

FRÉDÉRIC, *froid, le regardant.* Bien-aimé !

PALMI, *regardant autour de lui.* Pardon, l'habitude... Notre redouté souverain épousa Blanche de Bourbon, arrivée de France, sa patrie... Ce furent des fêtes, des cavalcades, des réjouissances... Le peuple était enchanté de sa jeune reine, et moi qui vous parle, je criai, je m'égosillai, je m'enrouai gratis.

FRÉDÉRIC, *faisant l'étonné.* Ah !

PALMI, *toujours avec mystère.* Quinze jours après, de misérables juifs, ayant entendu dire que la jeune reine avait l'intention de purger la Castille de leur abominable secte, empoisonnèrent une écharpe que cette princesse devait offrir au roi... Le roi ne l'eut pas plutôt passée à son cou, qu'il crut sentir comme la morsure de mille couleuvres... Quelques courtisans, ennemis de la reine, ne manquèrent pas d'insinuer au roi qu'elle avait voulu attenter à ses jours... Depuis lors l'amour du roi s'est changé en haine; et, comme si ce n'eût point été assez de cette calomnie pour irriter un prince aussi... aussi...

FRÉDÉRIC, *lui donnant de l'argent.* La vérité, va donc !

PALMI, *avec précaution.* Aussi farouche et cruel, on lui inspira des soupçons sur la fidélité de la reine.

FRÉDÉRIC. Ah !

PALMI. Oui, on a dit au roi qu'elle a un amant.

FRÉDÉRIC, *vivement.* Et qui désigne-t-on ?

PALMI. Personne... mais on prétend que la jeune reine, la nuit, fait des promenades mystérieuses dans le parc royal du Buen-Retiro.

FRÉDÉRIC, *à part.* Les infâmes !

PALMI. Aussi, le roi ne lui épargne aucun outrage; mais c'est aujourd'hui qu'il lui fait le plus sanglant de tous.

FRÉDÉRIC. Voyons.

PALMI. Sa favorite, Maria Padilla, qu'il avait exilée quelques jours avant son mariage, il la rappelle aujourd'hui ; il lui rend toute la puissance dont elle jouissait avant sa disgrâce... il est allé au-devant d'elle avec toute sa cour... Voilà, monseigneur, la cause du mouvement que vous avez remarqué.

FRÉDÉRIC. Continue.

PALMI, *désignant la cantonnade à gauche.* Il a voulu que ce jour fut un jour de largesse, et il doit se montrer à ce balcon là-bas avec la favorite, pour jeter de l'argent au peuple et recevoir ses bénédictions.

FRÉDÉRIC, *le regardant avec expression.* Le peuple le bénit !

PALMI, *à mi-voix.* Des lèvres.

Henri et Tello redescendent la scène et se placent près de Frédéric.

FRÉDÉRIC. Et du cœur ?

PALMI. Il le maudit.

FRÉDÉRIC, *s'oubliant.* Ah !

PALMI, *à part.* Voilà un seigneur à qui la vérité fait bien plaisir.

FRÉDÉRIC. Ah ! le peuple le maudit ?

PALMI. Oui, ce qui ne l'empêche pas de crier : Vive le roi ! quand on le menace ou qu'on le paie.

FRÉDÉRIC. Poursuis.

PALMI, *en confidence.* Mais patience!... il

y a, dit-on, trois hommes qui pourraient bien quelque jour délivrer la Castille de ce prince sanguinaire.

FRÉDÉRIC. Trois hommes !

PALMI, *de même.* Les trois frères bâtards du roi : don Frédéric d'Aragon, grand-maître de Saint-Jacques; don Tello d'Aragon, et Henri de Transtamare.

Les trois frères serrent leurs manteaux à mesure que Palmi les nomme.

FRÉDÉRIC. Ah! le peuple espère !

PALMI. Le roi fit couper la tête à leur mère, qui était la favorite d'Alphonse XI son père... (*Mouvement des trois frères.*) Ils s'étaient révoltés après ce meurtre. Le roi les a soumis, et il n'a pas encore osé les faire mourir, parce qu'ils sont aimés de toute la Castille... Le roi a voulu qu'ils vécussent à sa cour pour les mieux surveiller, et eux attendent; ils dissimulent... mais ils ne sont pas contents... Ce sont des amis du peuple, ceux-là !... parce que voyez-vous, le peuple n'a pas de meilleurs amis que les gens de mauvaise humeur.

FRÉDÉRIC. C'est bien... il suffit... laissez-nous.

PALMI, *saluant.* Que Dieu vous soit en aide, messeigneurs !

Il disparaît à gauche.

FRÉDÉRIC. Voici donc cette artificieuse Maria Padilla, cette femme qui depuis dix ans maitrise les volontés du roi, qu'il a plusieurs fois outragée, renvoyée, mais qui revient toujours et toujours plus puissante après une disgrâce !

HENRI, *avec reproche.* Cette femme, tu l'as aimée pourtant.

FRÉDÉRIC, *souriant amèrement.* Je l'ai ménagée, il le fallait pour notre sûreté... j'ai dû répondre à son amour par des apparences, mais ma bouche n'a jamais été complice du mensonge de mes regards.

HENRI. Nous n'avons pas eu, nous, la force d'imiter ton exemple, d'être ses courtisans.

FRÉDÉRIC. Aussi avez-vous encouru sa haine.

TELLO. Qu'importe !

FRÉDÉRIC, *avec énergie.* Il importe de n'avoir pas pour ennemie la femme qui va faire encore les destinées de la Castille ; il importe plus que jamais de la ménager pour sauver la reine des fureurs de son époux... Pauvre reine, si jeune et si belle !... (*A part.*) Oh ! je la sauverai !

HENRI. Silence!

La place se remplit de peuple qui afflue de toutes parts. Des gardes paraissent.

FRÉDÉRIC, *regardant à gauche, à la cantonnade.* Le cortége s'approche... il fait une halte.

LE PEUPLE. Vive le roi !... vive Maria Padilla !

PALMI. Vive le roi !

ANGELO, *arrivant près de Frédéric.* Je n'ai pu voir la favorite... le peuple ne veut pas se laisser monter sur les épaules.

FRÉDÉRIC. Perdons-nous dans la foule et observons.

Ils disparaissent à travers la foule.

SCÈNE IV.

PALMI, *devant la porte de l'hôtellerie de gauche,* LUCIO, *devant la porte de l'hôtellerie de droite d'où il sort.*

Lucio a un vieux costume de pèlerin : long bâton avec gourde, rochet garni de coquilles, croix rouge sur la poitrine. Il tire d'un vieux sac de petits morceaux de vieille étoffe brune. Il a une longue barbe. Le peuple est entre Lucio et Palmi.

LUCIO, *à la foule.* Chrétiens, mes frères, j'arrive de la Palestine et ne resterai qu'un jour à Valladolid ; j'ai rapporté de Jérusalem une sainte relique : c'est un lambeau précieux du manteau du prophète Jonas. (*Il se découvre, on l'imite.*) Deux maravédis le morceau béni par le saint-père.

Le peuple achète.

PALMI, *à l'autre extrémité de la scène, chante et pince de la guitare.*

Air nouveau de Doche.

Don Pèdre de Castille,
Prince brave et galant,
Voit-il une mantille,
Il s'élance à l'instant.
Voit-il un infidèle,
Il court à lui soudain.
Il attrape la belle
Et prend le Sarrasin.

CHOEUR DU PEUPLE.
Voit-il un infidèle, etc., etc.

PALMI.
D'une main il terrasse
L'Arabe qui rugit ;
Et de l'autre il enlace
La beauté qui rougit.
L'un et l'autre chancelle
Et lui résiste en vain.
Il subjugue la belle
Et bat le Sarrasin.

LE CHOEUR.
L'un et l'autre chancelle, etc., etc.

LUCIO, *avec colère.* Holà ! hé ! chanteur criard, un peu plus loin ou un peu plus bas !

PALMI, *de même.* Holà ! hé ! charlatan barbu, un peu plus bas ou un peu plus loin.

La foule s'agite, des gardes paraissent ; Lucio et Palmi échangent des gestes menaçans.

LUCIO, *à un homme du peuple.* Dis-moi, bon chrétien, qu'est ceci ?

L'HOMME. Les gardes font évacuer la place un moment avant que le roi paraisse là-bas à ce balcon. (*Cantonnade.*) Quand il y paraîtra, il sera permis au peuple de venir le saluer de ses acclamations.

LUCIO. Permis ?

L'HOMME. Oui, sous peine de mort.

Les gardes du bois de leurs piques repoussent la foule qui évacue la place par la droite.

UN GARDE, *à Palmi.* Arrière !

PALMI, *désignant la gauche.* Je loge en cette hôtellerie.

LE GARDE. C'est différent. (*A Lucio.*) Arrière !

LUCIO, *désignant la droite.* Je loge en cette hôtellerie.

LE GARDE. C'est différent.

Les gardes disparaissent à droite avec le peuple.

PALMI, *allant à Lucio.* Dites-moi, seigneur charlatan, tout-à-l'heure vous m'avez parlé d'un ton...

LUCIO, *s'avançant.* Et vous, seigneur chanteur, d'un air...

PALMI, *levant le poing.* Par ta barbe de bouc, je ne sais qui me tient...

LUCIO, *de même.* Par ta voix de chèvre, je vais t'apprendre...

Ils s'approchent.

PALMI, *étonné.* Lucio !

LUCIO, *de même.* Palmi !

PALMI. Charlatan !

LUCIO. Chanteur !

PALMI, *lui donnant la main.* Touche là !

LUCIO. Touche là !

PALMI. Je te croyais pendu.

LUCIO. Le sort m'a dépendu... Et toi, je te croyais pendable ?

PALMI. Eh bien, n'ai-je pas pour moi l'avenir ?

LUCIO. Tu n'es pas changé.

PALMI. Ni toi.

LUCIO. Parlons donc en toute assurance. Quel est ton présent ?

PALMI. La triste répétition de mon passé, l'image de mon avenir peut-être : une mandoline et des chansons, voilà mon industrie.

Il soupire.

LUCIO. Du chagrin, mon ami ? (*A l'hôtellerie de droite.*) Seigneur hôtelier, un broc de ton meilleur vin !

L'hôtelier l'apporte et le sert sur une table placée devant l'hôtellerie. Ils boivent.

PALMI. Et toi, que fais-tu ?

LUCIO.

Air :

J'ai fait un peu de chaque état :
Marchand, baladin, pédagogue,

Ecrivain, moine, Turc, soldat,
Chansonnier, corsaire, astrologue.
Enfin, après avoir couru
Mille chances sur mer, sur terre,
J'en demeure bien convaincu,
Mon état est de ne rien faire.

PALMI. Absolument comme moi.

LUCIO. En ce moment, je reviens de Jérusalem, d'où les pères gardiens m'ont chassé.

PALMI. J'entends... pour avoir dérobé ce précieux lambeau.

LUCIO, *souriant*. Ah! oui; c'est un morceau de mes dernières chausses.

PALMI. Et que viens-tu faire ici?

LUCIO. Ce que j'irais faire ailleurs... chercher fortune... A vrai dire pourtant, Valladolid me plait par-dessus les autres villes.

PALMI. Belle ville!

LUCIO. Oh! pas pour sa beauté.

PALMI. Pourquoi donc?

LUCIO. Pour une aventure de jeunesse... Il y a dix ans, six mois après avoir fait ta connaissance en prison... j'étais soldat... un jour, je me promenais aux environs de Valladolid, aux abords du château du comte d'Illnestrosa.

PALMI. L'oncle de Maria Padilla, aujourd'hui favorite du roi.

LUCIO. Beauté agaçante, dit-on, je ne l'ai jamais vue.

PALMI. Poursuis.

LUCIO. Je vis à une des fenêtres basses du château plusieurs dames, dont le voile de dentelle m'empêchait de distinguer les traits; je remarquai seulement qu'elles m'examinaient avec complaisance.

PALMI. Tu étais beau dans ce temps-là...

LUCIO. Oui, du teint, de la santé, et un peu de scélératesse dans la physionomie.

PALMI. Tu n'as conservé que ce dernier attrait.

LUCIO. Le lendemain, attiré au même endroit par je ne sais quelle folle espérance, je rencontrai sur la brune, à quelques pas du château, une jeune paysanne qui en était, piquante et jolie fille, déterminée comme une grande dame.

PALMI. Je comprends, tu fis son malheur.

LUCIO. Je lui offris ma main.

PALMI. Qu'est-ce que je disais?

LUCIO. Je voulus voir ses parens pour leur demander la sienne; elle s'y refusa, disant qu'ils n'y consentiraient jamais... je lui proposai de fuir à la faveur des désordres de ce temps-là; elle accepta... Nous nous mariâmes... et un mois après, dans la ville que nous habitions, je m'aperçus que j'étais suivi par deux gentilshommes... Un jour, en rentrant au logis je ne trouvai plus ma femme, je trouvai un billet sans signature... il était ainsi conçu : « Ton » mariage avec Frasquitta est nul, l'acte » est anéanti... Renonce à Frasquitta, elle » n'est plus ta femme ; et, si le hasard te » la fait rencontrer jamais, ne la reconnais » pas... il y va de ta vie! »

PALMI. Cela s'explique; ta femme était devenue amoureuse d'un de ces gentilshommes.

LUCIO. De tous les deux peut-être... Bientôt la guerre brouilla tout en Castille, choses et hommes, dans le feu et le sang. Je courus le monde, me souvenant de Frasquitta et de Valladolid.

PALMI, *se levant*. Ah! ah! les gardes laissent approcher le peuple... le roi et la favorite vont paraitre à ce balcon.

Il montre la cantonnade à gauche; le peuple parait de droite à gauche, contenu par des gardes.

LE PEUPLE. Vive le roi!

LUCIO. Voici des chalands qui m'arrivent et ma relique est épuisée... Ah!

Il arrache la doublure brune du capuchon de Palmi stupéfait; il la dépèce et la vend en guise de relique.

UN HOMME, *à Lucio*. Un morceau du manteau du prophète Jonas...

LUCIO. Voici.

L'HOMME. Ce drap est bien lustré pour être si vieux...

LUCIO. C'est sa vertu qui le conserve.

L'HOMME. Et cette relique garantit?..

LUCIO. D'une foule de choses et particulièrement du froid. (*A part.*) Quand on en prend beaucoup.

PALMI, *désignant le balcon qu'on ne voit pas, à la cantonnade*. Ah! ah! regarde, Lucio.

LUCIO, *à gauche*. Voyons. Quelle mosaïque de grands personnages!

PALMI. Voici le roi.

LE PEUPLE. Vive le roi!

LUCIO. Quelle est cette femme à qui le roi sourit et dont je ne vois pas les traits?

PALMI. Sa favorite, Maria Padilla... Regarde maintenant.

LUCIO, *poussant un cri*. Ah!

PALMI. N'est-ce pas qu'elle est jolie?

LUCIO, *ébahi*. Maria Padilla, dis-tu?

PALMI. Sans doute.

LUCIO. La favorite du roi?

PALMI. La femme qui lui ferait renier Dieu.

LUCIO. Est-ce un rêve?

PALMI. Tiens! on dirait que la favorite te regarde et le roi aussi. Baisse les yeux ou tremble!

LUCIO, *regardant toujours.* Pourquoi?

PALMI. C'est que tu la regardes d'une façon...

LUCIO, *à part, regardant toujours.* Éveille-toi, Lucio!

PEUPLE. Vive le roi!

LUCIO, *à part, regardant toujours.* Elle me regarde toujours, tandis que tous les yeux se dirigent d'un autre côté...

Palmi se perd dans la foule ébranlée.

UN HOMME. Le roi descend sur la place pour entendre de plus près les acclamations de son peuple.

LES GARDES. Place au roi! — Place au roi!

Le peuple se sépare en deux haies.

PEUPLE. Vive le roi! vive Maria Padilla!

Le roi s'avance, donnant la main à Maria; la cour suit.

UN GARDE, à *Lucio stupéfait.* Chapeau bas!

Lucio, irréfléchi, se précipitant au-devant de Maria, pour la voir de plus près.

MARIA, *reculant épouvantée.* Que me veut cet homme?

Un garde repousse violemment Lucio, qui résiste.

LE ROI. Gardes et peuple, châtiez l'insolent ou le fou!

La cour se retire et disparaît à droite.

LE CHŒUR *des gardes et du peuple.*

AIR *de Casanova.*

Voici, voici sa dernière heure!
Bientôt il subira son sort;
Le roi le veut, il faut qu'il meure!
        S'avançant sur Lucio.
A mort! à mort! à mort!

LUCIO, *montrant le capuchon de Palmi.* Par la vertu de ma sainte relique, le premier qui approche et me touche, tombe mort à mes pieds!

PALMI, *se faisant jour à travers la foule, à part.* Il faut le sauver!

GARDES ET PEUPLE. A mort! à mort!

        Ils s'avancent.

PALMI, *s'avançant.* Eprouvons la vertu de ton bois. (*Il touche Lucio en criant.*) A mort!

Il se laisse tomber et demeure immobile.

LUCIO, *à part.* Il m'a sauvé!

        Le peuple recule.

UN HOMME, *regardant Palmi.* Il est bien mort!

LUCIO, *allant au peuple.* Avancez, si vous l'osez!

        Tout fuit, gardes et peuple.

SCENE V.

LUCIO, PALMI, *étendu et immobile.*

LUCIO, *revenant lentement.* Tu peux ressusciter.

PALMI, *se levant et riant.* C'est fait... Eh bien! ah! ah! ah!

LUCIO, *sérieux.* Eh bien, ami, je suis à même de récompenser ce service...

PALMI. Que veux-tu dire?

LUCIO, *exalté.* La fortune est changée!

PALMI. Le mot de cette énigme?

LUCIO. Que t'importe de le savoir, s'il t'enrichit?

PALMI, *voulant s'en aller.* Adieu, Lucio, un fou et un sage ne vont pas bien ensemble.

LUCIO, *le retenant, lui dit avec exaltation.* Sans doute, Palmi; mais deux hommes résolus vont bien ensemble; deux hommes qui ont à se venger des hommes et du sort; deux hommes foulés ensemble et qui foulent ensemble à leur tour. Sais-tu, Palmi, que c'est une poignante joie dans le cœur ulcéré des hommes que de salir le sommet des choses d'où l'oppression et le mépris sont long-temps descendus sur eux?

PALMI. Comment pourrions-nous le salir?

LUCIO, *terrible.* En y montant, Palmi!

PALMI, *le secouant.* Es-tu bien sûr de ne pas dormir?

LUCIO. Veux-tu m'écouter?

PALMI. La nature m'a fait patient, j'écoute.

LUCIO. As-tu de l'argent?

PALMI, *montrant sa bourse.* Assez pour séduire un juge ou une femme facile.

LUCIO. Ce n'est pas dire assez pour nous acheter un habit.

PALMI, *qui a compté.* Quinze réaux.

LUCIO. Qu'avais-je dit?

PALMI. Tu n'as rien, toi?

LUCIO. Je donnerais pour un réal ma bourse d'aujourd'hui; mais celle de demain pas pour un million.

PALMI. Combien te faudrait-il?

LUCIO, *désignant la bourse de Palmi.* Dix fois cette somme.

PALMI. Pour quel jour?

LUCIO. Celui-ci.

PALMI. Notre honnête industrie ne pourrait y suffire... Dis-moi, si nous empruntions de quoi décupler ces réaux?

LUCIO. Emprunter?

PALMI, *à demi-voix, souriant.* Sans prévenir le prêteur?

LUCIO. Et la justice?

PALMI. Tu la redoutes?

LUCIO. Je l'estime, la veille du jour où je ne dois plus la craindre. Ne compromettons pas l'avenir demain.

PALMI, *se touchant le front.* Comment donc faire?

LUCIO, *remarquant une bague au doigt de Palmi.* Cette bague!

PALMI, *vivement.* Oui, je n'y pensais pas. Elle est de prix.

LUCIO. De prix... tu l'as empruntée?

PALMI, *souriant et donnant la bague.* Voici.

LUCIO, *se posant devant Palmi.* Et maintenant, Palmi, dis-moi : saurais-tu t'incliner avec respect en ma présence?

PALMI. Avec respect?

LUCIO. Pour des poignées d'or.

PALMI, *s'inclinant.* Regarde un peu.

LUCIO. Fort bien. Et maintenant, écoute encore : te sens-tu bien lâche, Palmi?

PALMI, *blessé.* Lâche!

LUCIO, *souriant.* Non pas de cette lâcheté sans mérite et que le hasard donne de reculer devant un péril ; mais de cette lâcheté réfléchie qui, passant sur le ventre aux mots honneur et loyauté, atteint un ennemi et le terrasse.

PALMI. Quels ennemis?

LUCIO. Ceux de qui te récompenserait.

PALMI. Largement?

LUCIO. Royalement.

PALMI, *s'inclinant.* Je suis un lâche.

LUCIO. Tu parviendras... Tu auras de l'or, une dignité, des places...

PALMI. C'est convenu, quoique je n'y comprenne rien.

LUCIO. Si je te dis : Calomnie...

PALMI. Je calomnierai.

LUCIO. Trahis...

PALMI. Je trahirai.

LUCIO. Vante-moi...

PALMI. Je te vanterai!

LUCIO, *gagnant la droite.* Viens.

PALMI. Où allons-nous?

LUCIO. Chez moi.

PALMI. Où donc?

LUCIO, *très-haut.* A la cour!!!

Il sortent rapidement et triomphalement par la droite.

ACTE PREMIER.

Salle du palais du roi. Porte au fond. Deux portes latérales. Une fenêtre à droite. Une table à écrire, à droite et à gauche.

SCENE PREMIERE.

LE ROI, *assis ; il écrit* ; NABAL, *à distance.*

LE ROI. Tu dis, juif?

NABAL, *hypocrite.* Je dis, monseigneur, qu'on plaint la reine... on murmure.

LE ROI. Qui donc? les courtisans?

NABAL. Et le peuple.

LE ROI. Ils sont donc bien oublieux?.. Ne savent-ils pas que, dans mon royaume, le jour des murmures est la veille des cris de douleur?

NABAL. C'est le retour de Maria Padilla.

LE ROI. Le retour?.. Ils n'ont qu'un reproche raisonnable à me faire... c'est celui de l'avoir renvoyée trop souvent. C'est une femme de cœur et de tête, dont les conseils m'ont singulièrement aidé.

NABAL. Et c'est aussi la plus jolie Castillane...

LE ROI, *s'animant.* N'est-ce pas, Nabal? ne trouves-tu pas que l'or et les diamans mariés ensemble en forme de couronne... conviendraient à cette jolie tête?

NABAL, *donnant au roi une petite boîte.* Voici, monseigneur, le précieux bijou, pareil à celui que vous portez et que vous m'aviez dit de commander.

LE ROI, *prenant la bague.* Précieux, oui, précieux... moins encore par la matière que par la puissance qu'il donne à celui qui le porte... C'est pour Maria Padilla!

NABAL, *hypocrite.* Je le croyais destiné à la reine.

LE ROI, *amer, à part.* A la reine?

NABAL, *de même.* Peut-être les bruits que je recueille et que je transmets à votre grâce sont-ils calomnieux?

LE ROI. On ne nomme personne?

NABAL. Non, monseigneur ; mais on assure que, durant la nuit, dans le parc du château, on a vu passer des ombres, des revenans, peut-être.

LE ROI, *colère.* Ils ne reviendront plus, si je les prends une fois... Laissons cela... Je compte sur toi pour la fête que je donne ce soir à Maria Padilla.... La plus grande magnificence! que le jardin royal soit tout retentissant de danses et de musique.... et tout resplendissant de lumières.

NABAL. Votre grâce sera obéie... la mascarade sera charmante.

LE ROI, *souriant.* Un nouvel impôt m'acquittera. juif.

NABAL. Si même un seul ne suffisait pas...

LE ROI. Celui-ci en vaudra deux.

NABAL. C'est différent.

LE ROI. Va, juif.

NABAL, *s'inclinant et à part.* Ah! la jeune reine voulait nous chasser de la Castille!

SCENE II.

LE ROI, *debout.*

Un amant!.. la reine... je pénétrerai ce mystère... Cette écharpe empoisonnée, ces ombres du parc... Elle a demandé à me parler... que me veut-elle?... me tromper par sa feinte douceur... oh!

SCENE III.

LA REINE, LE ROI, un Gentilhomme, Dames d'honneur.

LE GENTILHOMME, *annonçant.* La reine.
Il se retire avec les dames par le fond d'où il vient.

BLANCHE, *tremblante et les yeux baissés.* Monseigneur...

LE ROI, *froid et sec.* Que me veut la reine?

BLANCHE. Vous demander une grâce.

LE ROI. Pourquoi trembler ainsi en ma présence? me craindre, c'est m'accuser de dureté ou vous accuser vous-même de quelque faute!

BLANCHE. Je crains de ne pas obtenir ce que je viens solliciter.

LE ROI. Je suis donc injuste, ou bien vous ne méritez pas cette grâce?

BLANCHE. Monseigneur...

LE ROI, *qui a frémi, se contraint.* Que me demandez-vous?

BLANCHE. Le regret du pays natal me tourmente et me consume.

Air *du Porte-faix.*

Le souvenir de la patrie absente
    Me poursuit, hélas! chaque jour.
Dans mes regrets je me la représente
    Belle comme un premier amour.
Durant la nuit j'entends sa voix amie,
Et dans mon cœur je sens naître l'espoir.
Oh! laissez-moi partir, je vous en prie;
    Je voudrais la revoir. (*Bis.*)

LE ROI. Vous voulez aller vous plaindre à votre frère, Charles V, des rigueurs de votre époux?

BLANCHE. Oh! monseigneur..

LE ROI. Vous voulez quitter la Castille pour n'y plus revenir?

BLANCHE. Oh! je vous proteste...

LE ROI, *d'un ton étrange..* Je vous aime trop, madame, pour vous laisser partir... pour me passer du bonheur de vous savoir près de moi.

BLANCHE. Avant l'automne je serai de retour, je vous le promets.

LE ROI. N'aviez-vous pas promis de m'aimer toujours?

BLANCHE, *troublée.* Je vous aime encore.

LE ROI, *après un affreux regard.* D'être heureuse près de moi?

BLANCHE. Je le suis.

LE ROI. Surtout d'être soumise?

BLANCHE. Je le suis.

LE ROI. Plus donc de ces larmes qui m'offensent, de ces tristesses d'enfant qui m'accusent.

BLANCHE. Eh bien! je ne répandrai plus de larmes.. . j'aurai l'air d'être heureuse; je le serai, oh! oui, si...

LE ROI. Plus cette retraite solitaire dans votre appartement qu'on dirait imposée par moi... Il est arrivé ce matin, à Valladolid, à ma cour, une femme de haute intelligence, et dont les conseils m'ont rendu quelquefois léger le sceptre si lourd à porter dans ce turbulent pays de Castille. Cette femme, qu'une aveugle concession aux vains scrupules de votre frère et de ma mère me fit éloigner d'ici, lorsque vous vîntes partager avec moi le trône... cette femme, injustement disgraciée, je l'ai rappelée aujourd'hui, que les affaires de mon royaume se trouvent en un fâcheux état... aujourd'hui, que la révolte dresse de nouveau la tête dans les provinces... elle est ici comme le plus habile de mes conseillers Je lui donne cette nuit, au Buen-Retiro, une fête brillante... vous y assisterez, madame, vous prendrez part à tous les plaisirs, vous sourirez à Maria Padilla... vous serez heureuse, vous me l'avez promis.

BLANCHE. J'obéirai, monseigneur.... je paraîtrai à cette fête; mais, je vous en supplie, quelques jours passés en France, oh! quelques jours seulement?...

LE ROI. Renoncez à ce désir insensé!.... vous êtes reine de Castille, vous devez rester en Castille; c'est en Castille qu'il vous faut vivre et mourir.

BLANCHE. J'y mourrai, monseigneur..

Elle sort par le fond.

SCENE IV.

LE ROI, *puis* **MARIA**, *venant de la porte latérale de droite.*

LE ROI, *seul, colère.* Les cortès l'avaient décidé... c'est la nation; et la couronne n'eût point tenu sur ma tête, si je n'eusse consenti à ce mariage. Je l'ai épousée, on l'a voulu... mais pour l'aimer!... l'aimer! (*Il regarde du côté d'où va venir Maria.*) Ah! tout mon cœur est là!... (*Maria paraît.*) Chère Maria, es-tu heureuse de ton retour, de mon repentir?

MARIA, *artificieuse toute la scène.* Vous me le demandez?... mais, je l'avoue, monseigneur, un poignant souvenir ne peut s'effacer de mon cœur.

LE ROI. Quel est-il?

MARIA, *exagérant.* Comme ils durent triompher, tous mes ennemis, lorsque, il y a trois mois, à l'arrivée de la reine, il me fallut quitter la cour... Elle part, ont-ils dû dire, l'astre de la favorite est éclipsé par celui de la reine; le fier don Pèdre est vaincu par la cour!

LE ROI, *ulcéré.* Ils n'ont pas dit cela, ils ne l'eussent point osé. Ils savaient bien que ton départ était volontaire.

MARIA. D'ailleurs pour vous, monseigneur, il n'est pas de sacrifice que je ne sois toujours disposée à faire.

LE ROI. Va, tu seras dédommagée. Je veux, Maria, je veux renouveler ces fameux tournois de Tolède, t'en souvient-il, dis-moi?

MARIA. S'il m'en souvient! Alors j'étais heureuse, votre cœur était à moi; votre main n'était à personne. Votre cour était ma cour; on s'inclinait devant moi comme devant une reine, et nul, pas même votre mère, n'eût osé offenser la favorite du roi.

LE ROI. Et qui l'ose aujourd'hui?

MARIA. Qui? tous ceux que je rencontre sur mes pas. Ce sont ou des respects ironiques ou des mépris à découvert. Ils semblent oublier que c'est vous, le roi, qui m'avez rappelée de ma disgrâce, et s'ils méprisent la protégée, ils ne redoutent guère le protecteur.

LE ROI. Malheur à eux!... Est-ce un reproche que tu m'adresses?

MARIA, *très-hypocrite.* A vous des reproches, monseigneur? à vous qui m'avez comblée de bienfaits! à vous, qui avez fait de moi une reine jusqu'au jour de votre mariage?... Oh! non, monseigneur, non, je n'ai point oublié tout cela; je m'en souviens si bien que je veux à mon tour être généreuse au moins une fois.

LE ROI. Que veux-tu dire?

MARIA. Il est temps d'imposer à jamais silence aux injurieux propos de vos courtisans; il est temps de satisfaire et votre mère et votre tante Éléonor, et tous mes ennemis; ce serait un tourment pour vous que d'avoir à me protéger sans cesse contre leurs perfides discours et contre leurs violences!

LE ROI. Leurs violences?

MARIA. Qui puis-je soupçonner de l'attaque nocturne où j'ai failli perdre la vie?

LE ROI. Une attaque?

MARIA. Cette nuit, sur la route, des assassins apostés ont dispersé mes gens, et le fer était déjà levé sur ma poitrine, lorsque deux étrangers sont accourus à mes cris et, sans me connaître, m'ont arrachée à une mort certaine.

LE ROI. Oh! que ces généreux défenseurs se présentent, et qu'ils attendent tout de moi. Leurs noms?

MARIA. Je les ignore. Ils se sont dérobés à ma reconnaissance.

LE ROI. Je les découvrirai, et c'est toi, Maria, qui me diras ce qu'ils ont mérité.

MARIA. Moi, monseigneur, je vais partir.

LE ROI. Partir!

MARIA. Vous m'avez rappelée, je suis venue... Je désirais ardemment vous revoir; je vous ai vu, je suis heureuse... Dès demain, je vous quitte, je quitte la cour, la Castille, pour n'y rentrer jamais.

LE ROI, *très-agité.* Maria! tu resteras à la cour!

MARIA, *à part.* Je le sais bien. (*Haut.*) Non, non, je dois m'en bannir dans l'intérêt de votre gloire; je ne veux pas que mon amour soit pour vous une source d'outrages; car on vous outrage en m'outrageant.

LE ROI. Qui donc? ma mère, ma tante Éléonor? je vais leur ordonner de partir aujourd'hui même pour le Portugal... mes frères Henri et Tello? eh bien, je les bannis à l'instant de la Castille. Quant à Frédéric...

MARIA, *à part.* Ciel!

LE ROI. Le plus dissimulé, le plus ambitieux des trois...

MARIA, *vivement.* Il ne m'aime pas plus que les autres; mais du moins ses respects apparens...

LE ROI. Je veux qu'il reste près de moi; je veux pouvoir surveiller ses démarches.

MARIA. Oui, oui, cela est prudent.

LE ROI. N'est-ce point assez! j'entends que ta famille prime à la cour. Tu disposeras de toutes les places. Celles de capitaine et de lieutenant des gardes étaient occupées par des créatures de la reine; elles sont vacantes. Voici deux blancs-seings que tu rempliras à ton gré. Et cette bague, dont moi seul ai la pareille dans toute la Castille, cette bague, qu'il suffit de montrer pour se faire obéir, je te la donne... Eh bien, Maria?

MARIA. Oh! je vois que tu m'aimes!... Mais tu es inconstant, et je crains que la reine... Je ne l'ai pas encore vue : elle est jeune, et on la dit si belle!... Sa haine contre moi peut beaucoup.

LE ROI. Rassure-toi... un jour peut-être... (*La regardant fixement.*) Les reines ne sont pas immortelles!

Il sort par le fond.

SCENE V.

MARIA, *seule.*

Enfin! j'ai reconquis la puissance! Malheur à toi, roi lâche et cruel!... M'outrager, réparer son outrage, me chasser, me rappeler au gré de son caprice..... cela vingt fois depuis dix ans! Ce sera la dernière... Oh! il y a ici un homme qui pourrait seconder mes projets, en partager la gloire... Il m'aime... il m'aimait, du moins, avant ma dernière disgrâce... Ses regards seuls, il est vrai, avaient parlé; mais que ne m'ont-ils pas dit!... Cependant, quand le bruit que la reine a un amant est venu jusqu'à moi, j'ai aussitôt pensé à Frédéric... S'il l'aimait!... C'est lui que le roi envoya au-devant de la reine, tandis que je partais pour l'exil... On m'a parlé d'un jeune page, d'un enfant étourdi, ingénu, que la jeune reine a amené de France... Par lui, je puis savoir adroitement ce qui s'est passé entre Frédéric et Blanche, lorsqu'il la rencontra à Narbonne et l'accompagna jusqu'ici.

SCENE VI.

MARIA, ANGELO, *venant du fond, et jouant avec des dés.*

Il n'aperçoit pas Maria.

ANGELO. Sont-ils lugubres, tous ces Espagnols! ma gaîté les étonne et les scandalise... (*Il cesse de jouer.*) Et monseigneur Frédéric, qui ose me soutenir que j'ai vu Maria Padilla ici!... Il y avait tant de dames! Il est arrivé tant de visages nouveaux pour la fête de ce soir... Oh! il faut que je la voie!

MARIA, *appelant.* Page?

ANGELO, *se retournant, à part.* Encore un visage inconnu!

MARIA. Viens... Le bel enfant!

ANGELO, *à part.* Elle a du goût.

MARIA. Ton nom?

ANGELO. Angelo, page de votre reine, si vous êtes Castillane, et je ne voudrais pas changer de condition, même pour être roi.

MARIA. Tu aimes donc bien la reine?

ANGELO, *exalté.* Oh!... imaginez un enfant qui n'a pas de mère, qui en rêve une, belle, belle, bonne, bonne, tout ce qu'il y a de plus beau et de meilleur, et qui, un jour, trouve mieux que cela; car la reine Blanche me tient lieu de mère, je suis comme son enfant; elle me sourit, elle me caresse, et moi, j'aime tant cela! je n'aime pas à être gêné, et lorsqu'on a été gâté par une princesse du sang royal de France... Je vous salue.

MARIA. Attends.

ANGELO. Vous ne me gênerez pas?

MARIA. Non, viens.

ANGELO. Ah! mon Dieu! pardon... Qui êtes-vous, madame, pour que je sache comment il faut vous saluer?

MARIA. Que t'importe!

ANGELO. Comment donc voulez-vous que je vous salue? il y a des degrés de salut selon les rangs, à ce que m'enseigne le maître des cérémonies... Au fait, je m'en vais vous faire une très-grande courbette, vous en prendrez ce qui vous revient...

MARIA. Je t'en dispense .. Tu as de l'esprit.

ANGELO, *à part.* C'est une femme charmante.

MARIA. Elle est donc bien belle, la reine Blanche?

ANGELO. Belle? Oh! dites-moi, madame, quand l'astre du jour se montre, que deviennent les étoiles du ciel?

MARIA. Elles s'effacent.

ANGELO. Ainsi, madame, sont les autres femmes quand la reine Blanche paraît.

MARIA. Regarde-moi... Je ne suis rien auprès d'elle, n'est-ce pas?

ANGELO, *galant.* Vous êtes, madame, la plus brillante des étoiles.

MARIA. C'est bien quelque chose... mais ton dévouement à la reine t'exagère peut-être sa beauté.

ANGELO. Je n'exagère rien, madame, et sa beauté produit le même effet sur tout le monde. Depuis Paris jusqu'ici, les populations se portaient en foule sur son chemin, en s'écriant : Oh! qu'elle est belle! Oui, madame, les vieillards, les enfants, même les femmes.

MARIA, *souriant.* Même les femmes! petit espiègle. (*Le caressant.*) Il est gentil.

ANGELO.

Air :

Sa voix légère est pleine de douceur ;
La grâce brille en toute sa personne,
Elle a des yeux qui vous touchent le cœur.
A son aspect, de plaisir on frissonne.
Vous la verrez, et vous ferez l'aveu
Que, lorsqu'on voit un si charmant visage,
Dieu serait là que l'on oublierait Dieu ,
Pour admirer son plus parfait ouvrage.

MARIA, *souriant.* Ce que tu dis là est un peu idolâtre !

ANGELO. Demandez au plus galant, au plus difficile seigneur de la cour... au modèle de tous, à don Frédéric, grand-maître de Saint-Jacques.

MARIA, *émue.* Ah! il trouve... Parle, j'aime à t'entendre.

ANGELO. Le beau cavalier que celui-là ! et la belle ame que cet extérieur annonce !

MARIA. C'est lui, n'est-ce pas, qui alla, il y a trois mois, à la rencontre de cette belle reine ?

ANGELO. Qu'il est brave et galant !

MARIA. Il fut galant près de la reine ?

ANGELO. Quel homme que celui-là pour bien représenter un époux royal ! On eût dit qu'il venait épouser lui-même. Ah! il s'acquitta bien des ordres du roi.

MARIA. Il fut modeste , silencieux, respectueux ?

ANGELO. Assidu , zélé, empressé...

MARIA. Empressé?... C'était son devoir. Il représentait un époux au commencement du mariage, et même avant...

ANGELO. Toutefois il a représenté le roi mieux qu'il ne méritait.

MARIA. Comment cela ?

ANGELO, *triste.* Hélas! madame , vous ne l'ignorez pas, le roi n'aime pas la reine, et je sais bien pourquoi.

MARIA. Pourquoi donc?

ANGELO. Aimez-vous Maria Padilla ?

MARIA. Il ne m'appartient pas d'en dire du bien.

ANGELO. Alors je vous dirai que cette Maria Padilla a ensorcelé le roi. C'est une femme adroite , coquette, ambitieuse, qui a vendu son cœur pour recevoir le reflet d'une couronne...

MARIA. On l'a calomniée... elle aime le roi, voilà tout.

ANGELO. C'est-à-dire la royauté.

MARIA, *à part.* Petit fripon ! (*Haut.*) Et qui a pu te dire ces choses ?

ANGELO. Tout le monde (*En confidence.*) Maria Padilla aime bien les présens du roi et la bonne mine du grand-maître de Saint-Jacques.

MARIA, *lui saisissant le bras.* Impertinent! qu'oses-tu dire?...

ANGELO, *la regardant.* Oh! ces paroles, et ce regard plein dedépit, et votre main tremblante qui presse la mienne... oh! tout cela me dit que c'est vous qui êtes Maria Padilla... Oh! maintenant, je ne chercherai plus à vous voir.

Il sort effrayé par le fond.

SCENE VII.
MARIA, *seule.*

Ce que vient de me dire ce page... mes soupçons , qui étaient comme un pressentiment... Quelle horrible incertitude !... Heureusemen la nuit approche... les fêtes du Buen-Retiro vont commencer... je ferai dire au grand-maître que j'ai à lui parler, je saurai enfin... Oh! oui, il m'aime... il m'avouera son amour... Il faut qu'il se prononce... Que je suis folle de m'alarmer ainsi! je suis injuste envers la fortune ; elle m'a comblée aujourd'hui. (*Elle regarde les deux blancs-seings et la bague.*) Le beau diamant! quels feux il lance ! Oh! ils verront ses éclairs se mêler à ceux de mes regards triomphans. Oh! je serai vengée... La vengeance est une chose si douce ! (*Elle s'assied à droite.*) Un mot au grand-maître.

Elle écrit.

SCENE VIII.
PALMI, LUCIO, MARIA.

Palmi et Lucio sont en costume de gentilshommes. Le costume de Palmi est moins riche. Lucio n'a plus qu'une barbiche. Un officier arrête Palmi et Lucio à la porte du fond.

LUCIO, *insolemment.* Nous sommes de la suite de Maria Padilla.

L'officier se retire et ferme la porte du fond.

PALMI, *à demi-voix désignant Maria.* Et tu veux...

LUCIO, *de même.* Laisse-moi!

PALMI. Souviens-toi du billet : « Ne la » reconnais pas, il y va de ta vie ! »

LUCIO, *de même, regardant Maria qui écrit toujours.* Il est des situations inflexibles où on n'a qu'un parti à prendre... je suis homme de résolutions.

PALMI. C'est vrai.

LUCIO. J'aurais peut-être mieux aimé la retrouver paysanne ; mais c'est le sort qui fait les événemens, et c'est l'homme qui les exploite... l'homme habile est celui qui les exploite bien.

PALMI. Mais elle ne peut pas descendre jusqu'à toi.

LUCIO. Il faut donc qu'elle m'élève jusqu'à elle.

PALMI. Mais elle ne peut plus être ta femme.

LUCIO. Je le sais; le destin a prononcé notre divorce... je me résigne.

PALMI. Prends garde au moins!

LUCIO. Laisse-moi!

PALMI. Tu vas jouer, Lucio...

LUCIO. La plus belle partie!... si je la gagne, brillante fortune!

PALMI. Et si tu la perds?

LUCIO. Je ne mets au jeu qu'une vie misérable, c'est moins que rien.

PALMI. Il a raison.

LUCIO. Attends-moi là. (*Palmi sort à gauche.*) C'est elle, c'est bien elle!

Il s'avance.

MARIA, *se tournant.* Qui vient là?

LUCIO, *se découvrant.* Moi, madame.

MARIA. Qui êtes-vous?

LUCIO. L'homme à la longue barbe, que le roi a voulu faire tuer ce matin, sur la place publique.

MARIA, *dédaigneuse et nonchalante.* Eh bien! la mort que tu as évitée, la viens-tu chercher ici?

LUCIO. La mort! non pas... je viens chercher la vie avec tous les hochets de l'homme fait, à savoir : des dignités, des honneurs, des valets, des flatteurs, surtout beaucoup d'argent.

MARIA, *se tournant tout-à-fait sans se lever.* Es-tu le fou du roi? nous en attendons un.

LUCIO. Attendre un fou, à la cour?... c'est attendre mordieu ce qu'on a sous la main.

MARIA. Diras-tu enfin qui tu es?

LUCIO. Vous ne me reconnaissez pas?

MARIA, *souriant.* Toi, non.

LUCIO. Alors je vous ai fait injure, car j'ai cru que, par souvenir, vous aviez reculé à mon aspect.

MARIA. Souvenir de toi!... quelle folie!... Ah! je vois bien que tu es fou.

Elle se lève.

LUCIO, *insolent et dominateur.* Vous voyez mal... Ecoutez-moi : Trouver la vie dans l'ordre d'une mort, et cela fait, exploitant un accident, en tirer des métamorphoses étranges; changer ses haillons en riches habits, une maigre besace en bourse de velours; n'avoir pas de nom et s'en faire un; pas de puissance et s'en faire une; pas de rang, pas un pauvre échelon pour monter, et pourtant sur les épaules du hasard, d'un seul bond s'élancer, se trouver des ailes, dévorer l'espace et se placer près d'un soleil. (*Il se place à côté d'elle.*) Tout cela, dites-moi, madame, est-ce l'œuvre d'un fou?

MARIA, *lui jetant quelques pièces d'or.* Tiens, fou, voilà de l'or, car tu m'as amusée.

Elle se retire.

LUCIO, *la retenant.* De l'or jeté!... oh! non! offert à la bonne heure, avec supplication de le prendre... Toute la bourse, bien.

Il désigne la bourse dans laquelle, avec des pièces d'or, sont les deux blancs-seings.

MARIA. Si j'avais le temps de prêter l'oreille à tes folies, je te trouve plaisant, tu aurais toute la bourse, moins ces papiers.

LUCIO. Ils sont donc bien précieux?

MARIA, *souriant dédaigneusement.* Les brevets de capitaine et de lieutenant des gardes, il n'y manque plus que les noms.

LUCIO, *les prenant.* Merci.

MARIA. Eh bien!

LUCIO. Je les y mettrai.

MARIA, *en colère.* Fou, c'est trop de folie!... Rends-moi ces papiers et va-t'en, je l'ordonne.

LUCIO. Je reste, par ordre aussi.

MARIA. Par ordre de qui?

LUCIO. De moi.

MARIA. De toi! la belle autorité. (*Appelant.*) Gardes!... nous verrons.

LUCIO. Vous verrez.

Les gardes paraissent au fond.

MARIA, *bas.* Rends-tu ces papiers et me laisses?

LUCIO, *bas.* Dites à ces gardes de se retirer, ou je le leur dirai moi-même.

MARIA, *furieuse.* Gardes!...

LUCIO, *se couvrant.* Gardes, votre capitaine Lucio vous ordonne de vous retirer.

MARIA. Lucio!... Gardes, retirez-vous.

Les gardes disparaissent.

LUCIO, *regardant Maria.* Eh bien! que te disais-je?

MARIA, *le regardant.* Lucio! Lucio!... oui, c'est lui, c'est mon mari... Eh bien! que me veux-tu?... qu'espères-tu?... exploiter un scandale?... dénoncer au roi mon passé?

LUCIO, *railleur.* Moi, te faire du mal... quand c'est de toi que j'attends tout mon bien... oh! non, ma chère amie, non... que Dieu te conserve puissante, pour bien loger, vêtir et dorer ton mari.

MARIA. Combien de fois veux-tu cette bourse pleine d'or, dis?... Et puis pars et oublie mon nom.

LUCIO. Partir! je suis en trop bon gîte.

MARIA. Il le faut bien pourtant!

LUCIO, *s'asseyant.* Il le faut bien... Regarde un peu, Frasquitta.

MARIA. Je ne suis plus, Lucio, la paysanne Frasquitta.

LUCIO. Je dis mieux ; je vois maintenant que tu ne l'as jamais été.

MARIA. Raison de plus.

LUCIO, *se levant.* Raison de moins. Oui, n'est-ce pas, noble signoretta, sous le déguisement d'une paysanne, un caprice vous aurait pris, quelques dix ans y a, de faire votre mari d'un homme de bonne mine, mais qui n'avait que cela ; puis, comme fait un riche amant d'une pauvre maîtresse, le caprice satisfait et la fièvre passée, vous auriez dit à ce mari : Va-t'en, je ne veux plus de toi !

MARIA. Plus bas, Lucio, plus bas.

LUCIO, *triomphant, très-haut.* Bien tout cela, sans doute, s'il ne restait de cet hymen qu'un vague souvenir entre nous... mais ces deux lettres...

MARIA, *les saisissant.* Elles sont à moi !

LUCIO. Oui, les copies ; mais les originaux sont en lieu de sûreté.

MARIA, *à demi-voix.* Des précautions contre ta femme...

LUCIO. N'en prenais-tu pas contre ton mari?

MARIA, *hypocrite, lui rendant les copies.* Tu ne m'avais pas comprise, Lucio... en m'emparant de ces lettres, je voulais te prouver que la crainte n'entre pour rien dans le bien que je veux te faire.

LUCIO, *railleur et bruyant.* Oh! pardon, je l'avais méconnue, cette chère femme!

MARIA. Oh! plus bas, plus bas!... c'est nous perdre tous deux... Ecoute : j'ai de grands projets; il me faut un homme résolu, sur qui je puisse compter. (*Avec effort.*) Sois le bien venu, Lucio!

LUCIO. Ah! à la bonne heure !

MARIA. Es-tu à moi corps et ame?

LUCIO. Et à qui, diantre! un mari pourrait-il être plus inévitablement qu'à sa femme?... Mais dis-moi, ces deux gentilshommes inconnus qui te dérobèrent à mon amour...

MARIA. L'un était mon oncle, l'autre mon frère; ils me cherchaient pour me livrer à l'infamie que j'avais voulu fuir en te suivant ; la fortune leur manquait pour rehausser la noblesse de leur race ; ils voulaient vendre ma jeunesse au roi de Castille... C'est pour me soustraire à cet odieux marché que je te suivis... il me sembla que mes aïeux auraient moins à rougir, si j'aimais mieux être la femme d'un soldat que la maîtresse d'un prince... et si je te cachai ma naissance et mon nom, ce fut encore par respect pour ma famille vivante, car tu n'avais ni naissance ni nom.

LUCIO, *enchanté.* J'aurai tout cela maintenant !

MARIA. Mais la nuit s'avance... les jardins du Buen-Retiro sont déjà inondés de lumières... Je vais prendre mon costume de bal et mon masque... Dans les bosquets obscurs, à onze heures, tu sauras mes projets.

LUCIO, *qui a rempli les deux blancs-seings.* C'est ce que je demande.

MARIA. Quel nom as-tu mis là?

LUCIO. Le mien!

MARIA. Bien commun et bien court.

LUCIO. Donne-moi une terre pour l'anoblir et l'allonger... Ajoute le nom de ma seigneurie à mon nom. (*Il prend la plume.*) Cela fait ?...

MARIA, *après avoir réfléchi.* Lucio d'Altariva.

LUCIO, *montrant le brevet après avoir écrit.* Vois donc comme le voisinage d'Altariva donne bel air à Lucio!

MARIA. Quant à la lieutenance...

LUCIO. J'en disposerai.

MARIA, *remontant la scène.* C'est bien ; mais souviens-toi d'une chose : Je ne suis pas ta femme! je n'ai jamais été ta femme! il y a prescription.

LUCIO. C'est convenu.

MARIA. Et maintenant, je vais annoncer ta nomination au roi.

LUCIO. Va, mon amour.

MARIA, *revenant vivement.* Ah! souviens-toi aussi que tu m'as sauvé la vie, cette nuit, et ne sois pas étonné quand je te présenterai à don Pèdre comme un de mes deux libérateurs.

LUCIO, *froid.* Je veux bien.

MARIA. Ta main?

LUCIO. La voici.

MARIA. Et tu es à moi?

LUCIO. Et toi à moi?

MARIA. A toi.

LUCIO. A toi !

MARIA. Ce cher ami! (*A part.*) Impossible de faire autrement.

En passant au fond, elle désigne aux gardes Lucio comme leur capitaine.

SCENE IX.
LUCIO, *puis* PALMI.

LUCIO, *transporté.* Eh! qu'on vienne me

dire maintenant que le hasard est un mot! c'est une chose, pardieu!... qu'on me dise aussi que c'est un malheur de retrouver sa femme... ceci est un joli début... Quel va être l'étonnement de Palmi!...

Il remonte la scène et fait un signe. Palmi paraît à la porte latérale de gauche.

PALMI. Eh bien?

LUCIO. Incline-toi d'abord.

PALMI. Est-ce assez?

LUCIO. Encore.

PALMI, *s'inclinant davantage.* Tant mieux! car plus je serai bas, plus je te croirai haut.

LUCIO, *se pavanant.* Et maintenant regarde-moi; qu'en dis-tu?

PALMI. Je dis que tu as l'air trop insolent pour ne pas être un grand personnage.

LUCIO, *souriant.* C'est vrai; quand les petits s'élèvent, ils ont toujours peur de ne pas paraître assez grands.

PALMI. Le monde est une drôle de chose.

LUCIO, *se pavanant.* L'habit, comme il vous change! Ces gardes qui nous repoussaient hier du bois de leurs piques, s'inclinent devant nous et tremblent; c'est qu'hier, nous étions deux pauvres diables, gagnant misérablement la vie. A présent, nous sommes deux gentilshommes, deux hommes riches et nommés, deux brillans coquins, voleurs de haute volée, et les gardes nous respectent; c'est que les gardes sont du peuple, et le peuple est un sot.

PALMI. Nous en sommes aussi.

LUCIO. Nous en étions, Palmi!... Cette puissance que le peuple fait mine de haïr, il se courbe devant elle; cet éclat qu'il semble maudire, il s'en laisse éblouir; il est si bête, ce peuple, que si quelqu'un des siens s'élève, lui fangeux et misérable, il lui reproche la misère et la fange d'où il est sorti; il lui reproche l'arrogance, et il ne la permet, pour l'admirer, qu'à ceux que le hasard a fait naître dans les titres et l'or.

PALMI. C'est pourtant vrai... Fi! le peuple!

LUCIO. Oh! ris donc, Palmi, ris donc, je t'en supplie... admire ta bonne mine dans la mienne; sois insolent, Palmi; tu es chez toi... regarde les femmes dans les yeux, elles sont à toi, même celles qui sont aux autres; ces lambris sont à toi, tout cela est à nous, Palmi; donne-toi la peine de t'asseoir dans ces riches fauteuils.

Grands airs. Ils sont assis.

PALMI. Mais enfin qui es-tu?

LUCIO. Lucio d'Altariva, capitaine des gardes.

PALMI. Impossible!

LUCIO. Ne suis-je pas un homme? N'y a-t-il pas des gardes?

PALMI. Sans doute.

LUCIO. Voilà les élémens du possible, Palmi.

PALMI, *s'inclinant.* Monseigneur...

LUCIO, *debout.* Ecoute-moi, maintenant. Dans cette fête de ce soir, dans ce jardin royal, mille passions diverses vont s'agiter; tu plongeras, Palmi, au milieu de tous ces flots d'intrigue... il y a des secrets au fond; tu en recueilleras, tu les apporteras; ils valent de l'or, et nous partagerons.

PALMI. Je suis bon plongeur.

LUCIO. Avant de nous rendre ici, je me suis informé de tout, je sais tout : Frédéric, le grand maître de Saint-Jacques, suivra la jeune reine; ma femme suivra Frédéric; Angelo sera là, là le roi et les agens subalternes de toutes ces intrigues. Jetons-nous dans les tourbillons de ces masques, exploitons-les. Ces gens roaux, Palmi, sont notre peuple à nous.

PALMI, *se rengorgeant.* Je veux bien.

LUCIO, *souriant.* Je suis roi de Castille et te fais vice-roi.

Il lui donne le brevet de lieutenant.

PALMI. Lieutenant des gardes!

LUCIO. Un titre seulement; tu n'exerceras pas, tu n'as jamais servi... je te le donne pour qu'il ne soit pas à un autre : rien à faire; beaucoup à recevoir.

PALMI. Tu as rencontré ma vocation.

LUCIO, *appelant.* Gardes du roi! (*Les gardes paraissent; bas à Palmi.*) Je connais la consigne, j'ai servi dans leurs rangs. (*Aux gardes.*) Gardes, vous savez l'ordre: Tout le monde peut entrer en masque dans le jardin royal; tout le monde doit en sortir démasqué, demi-heure avant la fin de la fête. A minuit, le jardin est évacué, et nul n'a le droit, excepté le roi, de s'y trouver après cette heure.

PALMI, *à part.* Quel aplomb!

LUCIO, *aux gardes.* Allez. (*Les gardes défilent du fond à la porte de droite; bas à Palmi.*) Ils vont!... des machines! (*Aux gardes.*) Halte!

Les gardes s'arrêtent.

PALMI, *à demi-voix.* A ce soir, capitaine.

LUCIO, *à demi-voix.* A ce soir, lieutenant. Confiance, arrogance, impertinence, trois vertus que j'exige de nous, pour que nous fassions honneur au choix de ma femme.

PALMI, *à demi-voix.* Je t'imiterai.

LUCIO, *de même.* A ce soir, flatteur!... (*Aux gardes.*) Marche!

Les gardes marchent.

ACTE DEUXIÈME.

Partie du jardin du Buen-Retiro. Une torche à droite et à gauche éclaire la scène, sur le premier plan. Des masques se rendent dans les parties lointaines du jardin, d'où arrivent de temps en temps des bouffées de musique douce et expirante. Les masques vont de gauche à droite.

SCENE PREMIERE.
FRÉDÉRIC, TELLO, HENRI, *puis* ANGELO.

Ils sont masqués tous trois et en dominos.

FRÉDÉRIC, *quand les masques ont disparu, se démasquant.* Quelle imprudence! si le roi, qui vous croit partis pour l'exil, se doutait que vous êtes ici!

HENRI, *se démasquant ainsi que Tello.* Nous avons voulu te voir avant de partir.

FRÉDÉRIC. Sortez du jardin. Tenez-vous cachés à Valladolid. Si mes projets sont découverts, toi, Henri, tu passeras en France pour demander du secours à Charles V; toi, Tello, tu soulèveras les provinces de Castille les moins dévouées à don Pèdre... Allez, allez, prudence d'abord; résolution ensuite. (*Angelo paraît non déguisé. Tello et Henri se retirent. Angelo s'approche sans être aperçu de Frédéric.*) Angelo ne vient pas. Comment reconnaître la reine, si elle est déguisée et masquée... Pauvre reine! comme elle a été impitoyablement brisée par la colère du roi... Oh! si elle était là, peut-être j'oserais, sous ce déguisement et sous ce masque...

ANGELO, *qui s'est approché sans bruit.* Osez donc, monseigneur? pourquoi n'oseriez-vous pas?

FRÉDÉRIC, *contrarié.* Tu étais là?

ANGELO. Je suis partout et je sais tout; oui, tout, vous dis-je... Pourquoi dissimuler?

FRÉDÉRIC. Angelo!... c'est assez.

ANGELO. Ah! bah! que voulez-vous après tout? la défendre, la protéger, au péril de vos jours, contre ses ennemis!

FRÉDÉRIC. Oh! oui, ma vie est à elle.

ANGELO. C'est comme moi, je le lui dis; elle ne se fâche pas.

FRÉDÉRIC. C'est que tu es un enfant.

ANGELO. Raison de plus, vous pouvez mieux la défendre; vous êtes plus grand et plus fort; elle se fâchera bien moins.

FRÉDÉRIC. Tais-toi... Quel est le déguisement de la reine?

ANGELO. Un domino bleu.

FRÉDÉRIC, *se promenant et rêvant.* C'est bien; cela suffit.

ANGELO. Mon Dieu! comme vous êtes triste! Oh! moi, quand j'aimerai quelque femme, je serai gai; c'est plus amusant... Il faudra que je m'informe à quel âge on aime. J'ai treize ans... je crois que ça ne tardera pas.

Il sort en courant par la gauche.

SCENE II.
FRÉDÉRIC, BLANCHE, *venant de la droite.*

BLANCHE, *à ses femmes.* Allez, mesdames, allez; je ne veux pas vous attrister de ma douleur. Prenez part à la fête; ce lieu est solitaire, je vous y attendrai.

Les femmes se retirent.

FRÉDÉRIC, *à part, mettant son masque.* La reine!

BLANCHE, *sans voir Frédéric.* Ah! pourquoi n'ai-je point écouté ma secrète pensée? Pourquoi suis-je venue en Castille, malgré la terreur que m'inspirait le nom seul du roi? Toute la cour de France pleurait en me voyant partir. Il y avait dans ces larmes un pressentiment de ma destinée... On vient... mon masque...

Elle n'a pas le temps de le mettre.

FRÉDÉRIC, *masqué.* Oh! restez ainsi, madame, vos traits augustes vous protégeraient mieux qu'un masque contre un outrage, s'il était quelqu'un capable d'un outrage envers la reine.

BLANCHE. Qui que vous soyez, le ton de vos paroles me répond de votre obéissance. Retirez-vous.

FRÉDÉRIC. Oh! laissez-moi vous dire, à la faveur de ce déguisement qui cache la personne et ne laisse voir que le cœur, laissez-moi vous dire qu'il est un homme entre tous vos sujets dévoués qui souffre plus cruellement que les autres de l'insulte faite à la reine; laissez-moi vous dire que cet homme, à votre insu, attend une occasion favorable de vous venger des injures de ceux qui devraient vous adorer à genoux. Ne lui enlevez pas, madame, l'espérance qui soutient sa vie, celle de la sacrifier pour assurer la vôtre. Un mot, un seul mot de votre bouche royale qui approuve ma résolution, qui m'accepte pour défenseur, et mes amis sont prêts, et l'occasion venue, nous combattrons pour vous.

BLANCHE. Oh! je vous le défends. N'aggravez point mes peines des craintes que m'inspirerait pour mes rares amis l'exécution d'un projet insensé.

FRÉDÉRIC. Insensé? Non, madame, l'audace et l'activité peuvent en assurer la réussite.

BLANCHE. Non, non, je suis résignée à mon sort.

FRÉDÉRIC. Mais votre sort, le connaissez-vous bien? Connaissez-vous bien l'homme qui vous a marquée de sa haine?

BLANCHE. Laissez-moi.

FRÉDÉRIC. Une écharpe fatale et une calomnie vous ont à jamais perdue dans le cœur du roi; et vous savez comment la Castille l'appelle dans ses secrètes malédictions.

BLANCHE. Ne me le dites pas, car ce nom m'épouvante.

FRÉDÉRIC. Vous m'autorisez donc?

BLANCHE. Point de révolte, point de vengeance; mais s'il est un moyen de me dérober à sa haine, j'y souscris. Sauvez-moi, sauvez-moi; je veux revoir la France; je ne veux pas mourir ici.

FRÉDÉRIC. Oh! oui, vous sauver, madame, non pas pour fuir, mais pour vous laisser aux vœux de la Castille; sauver votre tête, madame, mais sans en faire tomber la couronne.

BLANCHE. La couronne? Oh! elle me pèse déjà, et je la porte depuis si peu de temps! Délivrez-moi de la couronne. Avant de la porter, ma vie était douce et heureuse. Rendez-moi au ciel de la France, à l'amour de ma famille, à la liberté de mes premiers ans. Mon frère, le roi Charles vous récompensera, et moi, oh! moi, si par vous j'ai le bonheur de n'être plus reine, oh! moi, je vous garderai une éternelle reconnaissance.

FRÉDÉRIC. Non, non, madame, ce serait une lâcheté à vos amis que de ne savoir pas d'autre réparation à vos injures qu'une fuite honteuse.

BLANCHE. Ah! votre obstination commence à m'alarmer... et je crains que vous ne vouliez me faire servir d'instrument à d'ambitieux desseins... Et qui me dit encore que vous n'êtes pas un agent du roi lui-même; que vous ne venez point sonder mes secrètes dispositions pour me dénoncer ensuite à sa haine?

FRÉDÉRIC. Vous pourrez penser?

BLANCHE. Oh! ce serait affreux de cacher une lâche trahison sous l'apparence du dévouement.

FRÉDÉRIC, *se démasquant.* Voyez qui vous soupçonnez!

BLANCHE. Le grand-maître! (*A part.*) mon cœur me l'avait presque dit.

FRÉDÉRIC, *s'inclinant avec respect.* Eh bien, madame, autorisez-vous un sujet dévoué?...

BLANCHE, *brusquement.* Silence! on vient!

Frédéric et Blanche remettent leurs masques; un masque rouge, venant de la gauche, suivi de quatre autres, s'arrête et examine Blanche et Frédéric.

FRÉDÉRIC, *à part.* Qu'ont-ils donc à nous examiner ainsi? (*Aux masques.*) Le reste du parc royal vous est-il interdit, que vous vous arrêtiez?...

BLANCHE, *bas à Frédéric.* Que faites-vous? une querelle! songez qui vous compromettez, si une indiscrétion violente m'arrachait ce masque.

FRÉDÉRIC, *bas.* J'ai mon épée.

BLANCHE, *bas.* Retirez-vous, je le veux. (*Frédéric s'incline.*) Point de respects! vous révélez la reine à ces indiscrets!

Frédéric se retire et toise les masques en passant; le masque rouge fait signe à ceux de sa suite de se retirer.

SCENE III.

BLANCHE, *masquée;* LE MASQUE ROUGE.

BLANCHE, *voulant se retirer à droite.* Quel dessein...

LE MASQUE ROUGE, *l'arrêtant.* Dis-moi, beau masque, quel est ce cavalier qui se retire? Il te parlait d'amour? il te donnait un rendez-vous?

BLANCHE, *fière, dégageant sa main.* Laissez-moi!

LE MASQUE ROUGE. Par saint Jacques de Compostelle, tu fais la fière, je crois. Tu ne l'étais pas tant avec ce cavalier. C'est que tu l'aimes, sans doute? Eh bien, tant mieux! je n'aurai que plus de mérite et de bonheur à rendre ton cœur infidèle.

BLANCHE. Je vous ordonne...

LE MASQUE ROUGE. Oh! tu m'ordonnes! je n'obéirai pas.

BLANCHE. Que prétendez-vous donc?

LE MASQUE ROUGE. Te prouver que ton amant, quel qu'il soit, peut accepter pour rival un homme de ma sorte.

Il se démasque.

BLANCHE. Ciel! le roi!

LE ROI. Tu trembles? rassure-toi; le roi

n'est à craindre que pour les rebelles. Ta main? La jolie main! elle me donne grande envie de voir ton visage.

BLANCHE, *portant la main à son masque.* Vous oseriez!

LE ROI. Un roi ose tout.

BLANCHE. J'appellerai.

LE ROI. Je renverrai.

BLANCHE. Oh! par pitié, monseigneur...

LE ROI. Par pitié, belle dame, découvre-moi des traits que je devine charmans.

BLANCHE, *vivement.* C'est une erreur.

LE ROI. Eh bien, montre-toi, je te laisse... Tu n'en fais rien? C'est que tu es jolie, et je vais...

BLANCHE. Qu'allez-vous faire?

LE ROI. Oter ou arracher ce masque.

BLANCHE. Jamais, plutôt mourir.

LE ROI. Ni l'un ni l'autre.

Il va porter la main au masque de Blanche; un masque rose s'interpose entre Blanche et le roi, un poignard à la main; le roi remet son masque.

LE MASQUE ROSE, *au roi qu'il n'a pas eu le temps de reconnaître.* Arrière! ou je te frappe!

LE ROI. Sais-tu qui tu veux frapper?

LE MASQUE ROSE. Sais-tu qui tu offenses?

LE ROI. Je verrai son visage!

LE MASQUE ROSE, *levant le poignard.* Tu ne le verras pas.

BLANCHE, *se démasquant, pour prévenir un régicide.* Angelo, c'est le roi!

LE ROI, *démasqué.* La reine!

ANGELO, *démasqué, au roi.* Pardonnez-moi, monseigneur; c'est un inconnu que que j'allais frapper.

LE ROI. Retire-toi. (*Angelo se retire sur un signe de Blanche. Le roi furieux.*) Quel est le cavalier qui osait vous parler, madame?

BLANCHE, *tremblante.* Je l'ignore, il était masqué.

LE ROI. Oh! ce n'est pas l'amour, gardez-vous de le croire, ce n'est pas la jalousie qui s'irrite, vous le savez, madame; c'est la majesté royale qui s'indigne. Son nom?

BLANCHE. Je l'ignore.

LE ROI. Vous craignez, en me le révélant, de me révéler un outrage et un complice. C'est votre amant sans doute, c'est celui qui vous a secondée dans l'enchantement de l'écharpe envenimée...

BLANCHE. Je n'ai pas d'amant, je n'ai pas de complice; mon cœur ne me reproche rien.

LE ROI. Mensonge!

BLANCHE. Ah! monseigneur, si vous vouliez m'entendre; si de perfides insinuations...

LE ROI, *la prenant par le bras.* Son nom, son nom? je vous dis que je veux savoir son nom?

Il la jette sur le siège.

BLANCHE. Oh! ce malheur m'avait été prédit, et déjà pour moi il commence.

LE ROI, *terrible.* Ne vous a-t-on pas prédit...

BLANCHE, *épouvantée.* Oui... Eh bien, tuez-moi; je ne sais pas son nom!

Angelo paraît avec d'autres masques auxquels il montre le roi.

LES MASQUES, *excités par Angelo.* Vive le roi!

LE ROI, *mettant son masque.* Malédiction! mon incognito est trahi!

LES MASQUES. Vive le roi!

LE ROI, *à Blanche.* Quittez la fête, je vous l'ordonne, et demain...

Le roi s'échappe à gauche voyant les masques qui approchent. La foule le suit en criant: VIVE LE ROI!

ANGELO *à Blanche.* Je n'ai pas trouvé d'autre moyen... Ah! vous pleurez! c'est le roi qui cause ces larmes.

BLANCHE. Il a promis d'y mettre un terme.

ANGELO, *se méprenant.* Serait-il vrai?

BLANCHE. Oui, Angelo, ses regards m'ont promis la mort.

Blanche sort soutenue par ses femmes.

ANGELO, *seul.* Pauvre reine!... quelle affreuse destinée!... on vient! Oh! ne la quittons plus. Soyons toujours près d'elle, pour partager ses chagrins.

Il sort à droite, par où est sortie la reine.

SCÈNE IV.

LUCIO, *en capitaine des gardes,* PALMI.

PALMI, *un domino sur le bras et un masque à la main.* Eh bien, es-tu content de moi?

LUCIO. Tu as été sublime d'assurance et d'insolence; tu m'as fait honneur... Je t'aimais, je t'estime.

PALMI. Lorsque Maria Padilla nous a présentés au roi comme ses deux libérateurs, m'as-tu vu perdre contenance, m'as-tu vu clignoter devant la majesté royale?

LUCIO. Aussi le roi nous a-t-il pris pour de braves gentilshommes. Au fait, n'avons-nous pas ce qui les distingue? Le costume et l'effronterie, plus l'esprit et le cœur?

PALMI. Je croyais que c'était plus difficile.

LUCIO. Souviens-toi de notre plan. Il se trame ici quelque chose. Si nous pouvions nous emparer de quelque secret important... Rien ne se vend cher à la cou comme les secrets. Gratte sans cesse autour des grands de l'état et tu pourras trouver cette pierre précieuse.

PALMI. Et quand nous aurons fait fortune...

Air :

Je veux acheter des châteaux
Hérissés de hautes tourelles,
Avec des droits seigneuriaux
Sur les manans et sur les belles ;
Et puis, mourant en bon chrétien,
Sur un fastueux cénotaphe
On inscrira mon épitaphe :
Ici, git un homme de bien !

LUCIO. Et la mort rira, sous cape ; mais laisse-moi, j'attends Maria Padilla.

PALMI. Ta femme?

LUCIO. Elle n'est pas ma femme, ne l'oublie pas ; fais comme moi. Elle est mieux que cela, elle est mon caissier.

Palmi disparait parmi les arbres ; Maria s'avance.

SCENE V.
MARIA, LUCIO.

MARIA, *désignant Palmi qui sort.* Es-tu bien sûr de cet homme?

LUCIO. Comme de Lucio.

MARIA, *souriant.* Es-tu bien sûr de Lucio?

LUCIO. Plus que de toi ; car je suis toujours ton mari, et tu ne veux plus être ma femme.

MARIA. Laisse-là tes souvenirs : chronique ancienne que notre amour.

LUCIO. Et nous ne voulons pas la relire.

MARIA. Ce n'est pas un tête-à-tête amoureux, mais un entretien politique que nous allons avoir.

LUCIO. La politique et l'amour ne vont pas bien ensemble. Je renferme mes sentimens. De quoi s'agit-il?

MARIA. Tu es capitaine des gardes, n'est-ce pas?

LUCIO. Depuis quelques heures.

MARIA. A qui dois-tu compte de ce corps d'élite?

LUCIO. Je dois compte au roi des gardes du roi.

MARIA. Non, pas au roi, Lucio, mais à Maria Padilla.

LUCIO. A Maria, au roi, qu'importe? Leurs intérêts ne sont-ils pas les mêmes!

MARIA, *à demi-voix.* Et s'ils étaient différens, opposés? Si je te disais un jour, bientôt peut-être : c'est à moi que tu dois ta place, c'est à moi que tu dois ton dévouement? Si je te disais : Lucio, le roi ne doit plus être roi!... que répondrais-tu?

LUCIO. Que les maris ont bien tort de se plaindre de l'infidélité de leurs femmes.... Elles trahissent jusqu'à leurs amans!

MARIA. Mon amant?... lui! il n'a jamais été que mon tyran ou mon esclave.

LUCIO. Tu l'as aimé pourtant.

MARIA. Jamais... il m'a achetée, je te l'ai dit. Mes indignes parens m'ont vendue à cet homme, vendue, livrée malgré moi. J'avais voulu descendre en t'épousant ; il me fallut monter. Et une fois à ce sommet, j'ai dû m'y bien tenir ; car la pitié n'était pas au bas de ma fortune pour me consoler d'une chute. J'étais attendue là par le mépris... Lucio, j'ai bien souffert! et pas un seul ami, pas un qui me rendit justice ; et j'ai passé dix ans comme cela, Lucio, dix ans dans les défiances, les perfidies et les mensonges... Va, va, tu dois en convenir, j'ai quelques droits à la puissance. Elle m'a coûté assez cher pour que je puisse dire : Elle est bien à moi!

LUCIO. Que veux-tu conclure de ceci?

MARIA. Que je n'en veux pas être dépossédée.

LUCIO. Le roi seul peut t'y maintenir!

MARIA, *mystérieuse.* C'est le roi que je crains ; il m'a rappelée aujourd'hui, n'est-ce pas! il peut me chasser demain. Plusieurs fois déjà il m'a donné des rivales... Ce soir même, à cette fête qu'il donne pour moi, pour moi seule, il cherche des aventures, il poursuit des femmes dont il ne voit pas les traits. Cette nature inquiète et sombre court sans cesse après un bonheur qui fuit toujours. Tout ce qui est mystère lui plait ; tout ce qui est ténèbres le tente. Il se plonge dans l'inconnu par l'espérance d'un plaisir, et cette nuit, il peut se rencontrer une femme qui me remplace demain. Demain, il me faudra peut-être repartir pour l'exil entre deux haies de sourires moqueurs ou d'insultans mépris... non, non, non, c'est assez d'outrages. Le jour de la vengeance est venu.

LUCIO, *froidement.* Dois je gagner à ce changement?

MARIA. Sans doute.

LUCIO. Je l'approuve.

MARIA. Et puis, c'est un motif plus honorable, plus glorieux... il me semble que si la Castille me devait, un jour, d'être délivrée du tyran qui l'opprime, loin de me mépriser, comme elle fait, elle me bénirait. Alors, Lucio, je ne serais plus Maria Padilla, la frivole, comme ils m'appellent, je serais une héroïne!

LUCIO. Alors, je me déclare ton mari, afin d'être un héros... Mais qui mettre à la place du tyran?

MARIA. J'y ai songé, il est un homme... je dois le voir, ici, cette nuit.

LUCIO. Ah! oui, je comprends : mon autre collègue.

MARIA. Lorsqu'une femme peut faire les destinées d'un empire, Lucio, elle ne doit pas être jugée sur les règles vulgaires. Elle n'est pas une femme.

LUCIO. Est-elle plus ou moins?

MARIA. Elle est... elle est autre chose. Le voici. Laisse-moi; je te dirai plus tard le reste de mes projets et ce que j'attends de toi.

LUCIO. Si je puis tout attendre de toi, chère femme, tu peux tout attendre de moi.

MARIA. Voilà de la politique.

Lucio disparaît à droite; Frédéric, un instant après, paraît à gauche.

SCÈNE VI.

FRÉDÉRIC, MARIA.

FRÉDÉRIC, *à part, bien articulé.* C'est elle... de l'adresse et un mensonge... il le faut pour sauver la reine.

MARIA. Vous êtes exact; c'est bien.

FRÉDÉRIC, *comedien.* Mieux inspiré, madame, je n'aurais pas dû peut-être me trouver à ce rendez-vous.

MARIA. Pourquoi cela?

FRÉDÉRIC. Pour éviter des reproches et garder une illusion.

MARIA. Des reproches?

FRÉDÉRIC. Je crains d'en avoir mérité par l'imprudence de mes regards; et vous ne m'avez appelé près de vous sans doute que pour m'ordonner la réserve et le repentir, ou pour me menacer de votre haine.

MARIA. Ma haine!

FRÉDÉRIC. Mais dussiez-vous m'en accabler, je ne suis plus maître d'un secret gardé si long-temps : je vous aime!

MARIA. Et vous craignez ma colère? Ah! Frédéric, espérez une couronne!

FRÉDÉRIC, *jouant la passion.* Il serait possible!... oh! ne m'abusez pas; ce serait une cruelle dérision que promettre l'amour à qui on ne réserverait que la haine.

MARIA. Grand-maître de Saint-Jacques, vous êtes le seul homme que je puisse associer à mon noble dessein. Écoutez! le roi est mon esclave, et je n'en suis pas fière; car c'est un tigre qui rampe à mes pieds; mais cet esclave, je le puis enchaîner, je puis le livrer à vos vengeances que j'irriterai de toutes les miennes. Cet esclave a une couronne, je vous la donnerai. Je vous donnerai ses courtisans, j'ai de quoi les acheter tous, plusieurs fois; je vous donnerai sa vie, si vous la voulez, et vous ne serez pas, vous, mon esclave, vous serez mon maître... Parle, réponds, je t'aime, veux-tu régner?

FRÉDÉRIC, *à part.* La reine est sauvée! *(Haut.)* O Maria, chère Maria, toute tristesse se dissipe aux paroles que tu fais entendre.

MARIA. La Castille qui tremble et saigne sous la main de don Pèdre saluera ton avénement de ses acclamations. La Castille t'espère, mais n'ose te demander : réalise les espérances de la Castille.

FRÉDÉRIC. A moi donc?

MARIA. Ta couronne.

FRÉDÉRIC. A don Pèdre?

MARIA. L'exil.

FRÉDÉRIC. A la reine Blanche?

MARIA. Le retour dans sa patrie.

FRÉDÉRIC. Et tu penses, Maria, que ce projet n'est pas un songe, et que demain pour moi sera différent d'aujourd'hui?

MARIA. Aujourd'hui sujet, demain sur la voie du trône.

FRÉDÉRIC. Et dans quelques jours'...

MARIA. La couronne sur cette tête, et le sceptre dans cette main.

FRÉDÉRIC. Ton motif?

MARIA. Mon amour.

FRÉDÉRIC. Tes moyens?

MARIA. Les voici : don Pèdre, endormi dans le silence de la révolte qui n'attend qu'une occasion pour éclater encore, est livré tout entier à son amour pour Maria Padilla. Cet anneau royal me fait partager avec le roi la suprême puissance ou plutôt me fait régner seule près de lui. Cet anneau est comme une signature royale des ordres donnés par celui qui le porte; il élève et abat; il place et déplace; il donne et il retire... Cet anneau qui me fait reine te fera roi.

Ici Palmi paraît, caché derrière un arbre il écoute; il est en domino et masqué.

FRÉDÉRIC. C'est bien.

MARIA. Les places éminentes seront données à tes amis dévoués; et bientôt, à un signal, la Castille se lèvera tout entière pour proclamer roi don Frédéric d'Aragon!

FRÉDÉRIC. Il est ici deux postes qu'on ne saurait confier à des dévouemens trop éprouvés.

MARIA. Quels sont-ils?

FRÉDÉRIC. La capitainerie et la lieutenance des gardes.

MARIA. Ces postes sont occupés par deux hommes à moi.

FRÉDÉRIC, *à part.* Raison de plus pour les destituer. (*Haut.*) Je les demande pour deux hommes plus sûrs encore.

MARIA. On peut compter sur les miens; ils sont dévoués.

FRÉDÉRIC. Moins que ceux que j'ai en vue... c'est du reste une condition sans laquelle il m'est impossible de m'associer à vos projets.

MARIA. Mais...

FRÉDÉRIC. Voyez.

MARIA. Comment?

FRÉDÉRIC, *caressant.* Maria, vous me refusez?

MARIA. Ce sera faire deux mécontens, deux hommes dangereux.

FRÉDÉRIC. La prison me répondra d'eux; acceptez-vous?

Il va voir autour de lui en cas de surprise.

MARIA, *à part.* Refuser, c'est tout perdre... Au fait, dès qu'une indiscrétion de mon mari n'est plus à craindre... Pauvre mari! bah! en politique...

FRÉDÉRIC, *revenant.* Vous ne répondez pas?

MARIA. Une prison vaste et commode, mais surveillée par ces muets de l'Orient qui ne pourraient transmettre leurs paroles.

FRÉDÉRIC. J'y pensais.

MARIA, *s'inclinant et souriant.* Eh bien donc, que le roi dispose à son gré de toutes les places.

FRÉDÉRIC. C'est bien; mais silence; il me semblait...

Il va voir au fond.

MARIA, *seule sur le devant.* Son cœur est enchaîné.... enchaînons sa volonté pour l'exécution de ce hardi dessein.

FRÉDÉRIC, *revenant.* On pourrait nous surprendre.

MARIA. Frédéric, un engagement réciproque, en fermant tout accès à de timides réflexions, nous ferait l'un et l'autre marcher avec plus d'énergie vers le but désiré... Echangeons un engagement écrit.

FRÉDÉRIC. J'allais vous le proposer.

MARIA, *allant près de la torche de droite, à part.* Il est à moi.

FRÉDÉRIC, *allant près de la torche de gauche, à part.* Elle est à moi.

PALMI, *à part.* Ils sont à moi.

Maria et Frédéric, chacun de son côté, écrivant sur un calepin; Palmi tire le sien.

MARIA, *écrivant.* Je m'engage...

PALMI, *à part.* Écoutons.

FRÉDÉRIC, *à part, tout en écrivant.* Enfin, notre plus dangereux ennemi se livre et

par lui nous renversons les autres. L'ambitieuse Maria espère sans doute partager le trône avec moi; je n'en veux ni pour moi, ni pour elle.

MARIA, *à part, tout en écrivant.* Lucio est paresseux et gourmand; il n'aura rien à faire et sera bien traité.

FRÉDÉRIC, *à part.* La reine, la reine seule! oh! sa vie est sauvée et sa couronne aussi; que Maria me croie fidèle jusqu'au jour où les moyens d'exécution seront tous dans ma main...

Palmi trébuche et fait du bruit.

MARIA. Ciel! quelqu'un!

FRÉDÉRIC. Une surprise.

MARIA, *éteignant la torche de son côté.* Éteignez cette torche...

Frédéric éteint la sienne de son côté.

PALMI, *à part.* Heureux accident! quelle idée!

FRÉDÉRIC, *bas à Maria.* Je n'entends plus rien.

MARIA, *dans l'ombre.* Où êtes-vous?

Palmi détache deux feuillets de son calepin et les plie; il s'avance entre Frédéric et Maria.

FRÉDÉRIC. Ici.

MARIA. Votre papier?

FRÉDÉRIC. Le voici.

PALMI, *le prenant, à part.* Merci.

Il donne un feuillet blanc à Maria.

FRÉDÉRIC. Et le vôtre?

MARIA. Le voici.

PALMI, *même jeu, à part.* Merci.

FRÉDÉRIC. C'est bien.

MARIA. Et maintenant, séparons-nous.

FRÉDÉRIC. Déjà... (*A part.*) Et cette puissante bague! il me la faut.

MARIA. Il serait imprudent de rester plus long-temps ensemble...

FRÉDÉRIC. Mais à minuit, quand tout le monde sera retiré, quand la fête sera finie, quand tout sera rentré dans l'ombre et le silence, seuls ici... pour nous entretenir de nos projets, pour te parler de mon amour.

MARIA. J'y serai.

FRÉDÉRIC. A minuit donc.

MARIA. A minuit.

Palmi prend la main que Maria donne à Frédéric et la baise, il donne la sienne à baiser à Frédéric; Frédéric sort par la gauche, Maria par la droite.

PALMI, *seul.* Ah! madame Lucio, vous jouez de ces tours à votre mari et à son ami; une séparation de dix ans ne vous suffit pas? peste!

SCENE VII.

LUCIO, DEUX GARDES, PALMI.

LUCIO, *aux gardes.* Rallumez. (*Les gardes rallument à droite et à gauche, au moyen de deux torches, les torches éteintes par Frédéric et Maria. Ils sortent à droite. A Palmi.*) Que faisais-tu là?

PALMI. Je pêchais une perle.

LUCIO. Dans les ténèbres?

PALMI. A la cour on ne pêche bien qu'en eau trouble.

LUCIO. Que veux-tu dire?

PALMI. Voici deux papiers.

LUCIO. De qui et pour qui?

PALMI. Ceci du grand-maître à la favorite, cela de la favorite au grand-maître.

LUCIO. Ah! ah! quelque mystère! Un mari peut, je crois, lire les lettres de sa femme, et même celles de l'amant de sa femme; voyons... (*Il lit et dit après.*) Ah! le grand-maître s'engage à faire asseoir Maria sur les premières marches d'un trône usurpé... Je veux bien.

PALMI. Tu ne seras pas aussi content du style de ta femme.

LUCIO. Voyons... Ah! Maria s'engage à fournir au grand-maître les moyens de monter sur le trône... Tant mieux, tout bien nous venant de Maria. (*Il lit.*) Je dis tout bien, voici qui n'en est pas... Maria promet ma destitution et la tienne au grand-maître.

PALMI. Il est vrai.

LUCIO. Vrai qu'elle promette, oui; mais que cela doive être, non.

PALMI. Qui l'empêchera?

LUCIO. Le plus intéressé.

PALMI. Qui donc?

LUCIO. Moi donc, Palmi... ces papiers sont ma fortune et ma vengeance.

PALMI. J'ai autre chose à te dire.

LUCIO, *froissant les papiers.* J'écoute.

PALMI. Maria trahit le roi, le grand-maître trahit Maria, je trahis le grand-maître.

LUCIO. Hommes, femmes, trahisons, cela se tient. Rien d'extraordinaire.... Après?

PALMI. Le grand-maître veut sauver la reine dont il est épris. La puissance que lui donne Maria, il la tourne contre elle-même. Il détrône, il renverse le roi, Maria, toi et cent autres.

LUCIO. Cent autres, soit; mais moi!... Après?

PALMI. Cette nuit, en secret, il va trouver la reine; il lui fait part de ses projets,

et si la reine approuve, au bout de quelques jours...

LUCIO. Qui t'a dit tout cela?

PALMI. J'étais caché, j'écoutais; le grand-maître se le disait à lui-même, c'est comme s'il me l'eût dit.

LUCIO. Palmi, vous irez loin.

PALMI. Quoi! tu n'es pas alarmé?..

LUCIO. Incline-toi, Palmi... plus bas, plus bas encore.

PALMI, *s'inclinant.* Tu me rassures.

LUCIO. Frasquitta, ma bien-aimée, ne plus aimer votre mari, passe, c'est l'ordinaire; mais le destituer, cela ne passe pas... et vous aurez bientôt de mes nouvelles.

PALMI. Chut! ta femme d'un côté et le grand-maître de l'autre!

LUCIO. Derrière ces arbres.

Ils se cachent à gauche.

SCENE VIII.

LUCIO, PALMI, *cachés* ; **FRÉDÉRIC** *de la gauche,* **MARIA,** *de la droite.*

FRÉDÉRIC. Maria!

MARIA, *montrant le feuillet blanc de Palmi.* Frédéric!... sur votre honneur de gentilhomme, grand-maître de Saint-Jacques, est-ce là le papier que vous m'avez remis?

FRÉDÉRIC, *de même.* Sur votre amour, Maria, est-ce là le papier que j'ai dû recevoir de votre main?

MARIA. Non, devant Dieu!

FRÉDÉRIC. Non, sur l'honneur!

MARIA. Ceci cache un horrible mystère!

FRÉDÉRIC. Je ne sais où arrêter ma pensée; mais si le roi vient à savoir... si votre engagement écrit est tombé entre ses mains....

MARIA. Tout serait perdu.

FRÉDÉRIC. Maria, n'imaginez-vous aucun moyen de prévenir les malheurs qui suivraient une pareille révélation?

MARIA, *le conduisant à l'extrémité à droite, bas.* Tiens, prends cette bague.

LUCIO, *bas à Palmi.* Je n'entends plus rien!

FRÉDÉRIC, *bas.* Et vous, Maria?

MARIA, *bas.* J'ai mon projet. Adieu.

FRÉDÉRIC, *à part.* Oh! la reine est sauvée.

Il sort par la droite.

LUCIO, *bas à Palmi.* Va dire à mes gardes de se tenir près d'ici.

Palmi sort à gauche.

SCÈNE IX.

LUCIO, MARIA.

Lucio sort de sa cachette, se croise les bras et regarde Maria, qui ne l'aperçoit pas.

MARIA. Ah! mon ame n'était point préparée à ce brusque passage de la joie la plus vive à la plus profonde terreur. D'où vient cette substitution?... quelque démon dans l'ombre...

LUCIO, *à part.* Comme on traite les gens d'esprit!

MARIA. Et Lucio à qui j'ai fait dire de venir me trouver ici, Lucio qui n'arrive pas! Lui seul peut me sauver; je me sens défaillir. Oh! si l'excès de mon trouble allait me rendre immobile et muette; si Lucio arrive et que je ne puisse ni le voir ni lui parler... Le roi bientôt...

LUCIO, *lui frappant l'épaule.* Chère amie...

MARIA. Lucio!... voici ma force.

LUCIO. Tu m'as fait appeler?

MARIA. Lucio, tu es ma providence.

LUCIO. Cela prouve que tu es abandonnée de celle de Dieu.

MARIA. Il faut me sauver.

LUCIO. Tu vas donc périr, ma bonne femme?

MARIA. Il faut me sauver, te dis-je.

LUCIO. Il faut! Comme tu parles à ta providence! Il faut d'abord que je le puisse, ensuite que je le veuille.

MARIA. Tu le peux, tu le veux.

LUCIO. Que tu saches mon pouvoir, puisque c'est de toi que je le tiens, à la bonne heure; mais ma volonté...

MARIA. N'as-tu pas fait serment d'être à moi?

LUCIO. Et toi à moi?

MARIA. J'ai tenu ma promesse.

LUCIO. Je tiendrai la mienne, comme tu as tenu la tienne, et s'il ne faut que cela pour te satisfaire...

MARIA. Voilà tout ce que je demande.

LUCIO. C'est tout ce que tu auras.

MARIA. Merci, Lucio.

LUCIO. De rien, Maria.

MARIA. Le temps est précieux.

LUCIO. Je n'ai pas perdu le mien cette nuit.

MARIA. Écoute. Une conspiration se tramait pour renverser don Pèdre du trône de Castille; les deux chefs du complot devaient l'occuper après lui.

LUCIO. Oui, c'est ainsi que cela se pratique.

MARIA. Des papiers ont été surpris. Ils sont en ce moment peut-être entre les mains du roi.

LUCIO. Ah! ah!

MARIA. Lucio, si je meurs, tu n'es plus rien.

LUCIO. Je suis veuf.

MARIA. N'as-tu que des railleries contre ce malheur?

LUCIO. Si tu n'as rien, j'ai plus que toi.

MARIA. Mais je te dis que tout espoir est perdu.

LUCIO. Au contraire, l'espérance n'est plus quand le bonheur est complet; elle revient quand le bonheur s'en va, c'est le bon côté du malheur.

MARIA. Lucio, le roi va venir.

LUCIO, *froid.* Tu veux que j'assassine le roi?

MARIA. Je veux que tu me sauves.

LUCIO. Cela revient au même.

MARIA. Aurais-tu ce courage? Oh! tu serais mon ange protecteur, Lucio!

LUCIO. Ton ange? oui, c'est ainsi qu'on appelle le diable quand il nous rend service.

MARIA. Parle, réponds-moi, aurais-tu ce courage?

LUCIO. J'aurais eu cette lâcheté peut-être avant cette nuit.

MARIA. Pourquoi n'oserais-tu pas maintenant?

LUCIO. C'est que maintenant j'attends tout du roi.

MARIA. Et de moi, Lucio, si je montais sur le trône?

LUCIO. De toi, mon cœur, je n'attends que parjure et trahison.

MARIA. Quels titres as-tu à la munificence du roi.

LUCIO. Vois ces papiers.

MARIA. Ciel!

LUCIO. Le roi ne les connaît pas encore; il les lira avant la fin de la nuit.

MARIA, *les mains jointes.* Lucio!

LUCIO. Ah! oui, n'est-ce pas, tu destituais le capitaine des gardes, ton ancien amant, ton mari, et tu disais à un cachot ou à la tombe de te garder de son indiscrétion.

MARIA. Oh! non, Lucio, ces papiers entre tes mains n'auront pas fait naître l'espérance dans mon ame, pour que le désespoir y rentre plus déchirant et plus affreux.

LUCIO. Ah! c'est que je hais aussi cordialement que j'aime.

MARIA. C'est que, vois-tu, l'amour égarait ma raison; c'est que j'étais folle quand je signai cette promesse.

LUCIO. Tu étais? ne l'es-tu pas encore de prétendre…

MARIA. Tu me donneras ces papiers, Lucio, mon chéri!

LUCIO. Non pas, mon ange!

MARIA. Tu me les vendras : mets-y un prix, quel qu'il soit, je te le promets.

LUCIO. Et que peux-tu promettre, pauvre folle, toi qui n'as pas une heure à te donner?

MARIA, *à genoux.* Grâce, grâce, Lucio, c'est une lâcheté à un mari de laisser ainsi une femme suppliante à ses pieds!

LUCIO. Tu voulais me destituer, et tu demandes de la galanterie!

MARIA. Lucio, grâce pour le grand-maître! Tiens, abandonne-moi, si tu veux, et sauve Frédéric!

LUCIO. Oui, tu disais bien, tu es folle, car c'est folie d'aimer qui nous hait, d'estimer qui nous méprise, d'être fidèle à qui nous trahit.

MARIA, *debout.* Tu outrages le grand-maître, et je te dis que tu mens.

LUCIO. Et moi je te dis avec calme : Frédéric d'Aragon, le noble grand maître de Saint-Jacques est peut-être en ce moment chez la reine; il l'aime, il lui fait part de vos projets, il veut monter sur le trône avec elle, et te briser, toi, comme un vil instrument.

MARIA. Frédéric! il me trahirait! oh! alors, je ne crains plus rien, mais si tu refuses d'anéantir ces papiers, don Pèdre saura qui tu fus; je ne craindrai pas de me flétrir pour te nuire : je dirai que je suis ta femme; je mentirai : je dirai que je t'aime, que tu m'aimes, et le roi le croira, car c'est moi qui t'ai fait capitaine des gardes, et perdue que je suis, Lucio, j'aurai du moins la consolation de t'entraîner dans ma ruine, et tu mourras si je meurs.

LUCIO. Le roi ne te croira pas, moi seul j'ai les preuves que je suis ton mari, et je te renierai à mon tour!

MARIA. Eh bien! non, je ne dirai rien au roi… Le voici. (*Suppliante.*) Lucio, mon ami!

SCÈNE X.

LE ROI, LUCIO, MARIA.

LE ROI. Capitaine, demain, au point du jour, vous aurez soin de tenir prête l'escorte qui accompagnera la reine dans l'Alcazar de Medina-Sidonia.

LUCIO. Oui, monseigneur; mais voici des papiers…

LE ROI, *donnant un papier à Maria.* Maria, je laisse à votre choix le gouverneur de ce château-fort…

LUCIO, *donnant les papiers au roi.* Voici des papiers…

MARIA, *inspirée, passant entre le roi et Lucio.* Monseigneur, votre capitaine des gardes et moi venons, par notre adresse, de démasquer un traître qui aspirait au trône : se laissant prendre à un piége habilement tendu, voici ce qu'il écrit.

LE ROI, *parcourant les papiers.* Serait-il vrai?

LUCIO, *stupéfait.* Monseigneur…

MARIA, *l'interrompant.* Vous voyez, monseigneur, quels serviteurs je vous donne, et s'ils sont dignes de vos bienfaits.

LE ROI. Capitaine Lucio d'Altariva, je vous fais chevalier de la bande.

MARIA, *donnant secrètement la nomination du gouverneur de Medina-Sidonia à Lucio.* Il le mérite bien!

LUCIO, *stupéfait, à part.* Je ne m'attendais pas à celui-là!

LE ROI. Frédéric! malédiction!

MARIA. Il en voulait à votre couronne.

LUCIO, *regardant Maria et la tourmentant du regard.* Et Maria…

MARIA, *regardant Lucio avec expression.* Ce brave Lucio!

LUCIO, *après l'avoir tourmentée du regard.* Maria n'eût été qu'un instrument. Son but était de faire mourir le roi, d'épouser la reine, de partager le trône avec elle.

LE ROI. Oui, oui, ce masque qui, cette nuit, parlait à la reine…

LUCIO. C'était lui!

LE ROI. Capitaine, don Frédéric d'Aragon ne doit pas sortir de ce parc royal. Vous me répondez de son arrestation sur votre tête!

Il sort au fond à droite.

LUCIO. Monseigneur, je vous… (*A Maria, bas.*) Bien joué, j'ai perdu.

MARIA. Nous gagnons tous les deux, et c'est le roi qui perd.

LUCIO. Si tu m'en crois, ma femme, ne jouons plus l'un contre l'autre.

MARIA. Ah! je te le promets bien, Lucio!

Lucio sort un instant à gauche.

LUCIO, *en sortant.* Gardes!

SCÈNE XI.

MARIA, *seule.*

Pas d'autre moyen de me sauver et de conserver un appui à ce traître qui aime la reine. Mais s'il est arrêté, c'est fait de lui… Oh! je vais…

MARIA. Oh! je suis bien lâche de l'aimer encore! de trembler ainsi à la seule pensée qu'il arrivera peut-être trop tard, et que Lucio... (*Regardant à gauche.*) Non, Lucio, le voici de ce côté, et Frédéric... (*Regardant à droite.*) Il montre la bague... la grille s'ouvre! il est sauvé!... Oh! il était temps.

SCENE XII.

LUCIO, MARIA.

LUCIO, *à des gardes.* Cherchez partout, fouillez tout; il ne peut être qu'ici.

Les gardes sortent à droite.

MARIA, *comédienne.* Qui donc?

LUCIO. Le grand-maître, et personne mieux que toi ne peut me dire...

MARIA, *vivement.* Je n'ai rien vu.

LUCIO, *qui a jeté un coup d'œil sur la main de Maria.* Rien?.... Dis-moi, Maria, cette bague...

MARIA. Cette... je l'ai perdue.

LUCIO. Perdue! tu la lui as donnée.

MARIA. Il me l'a arrachée; il en savait toute la puissance; il a meurtri ma main dans les violentes étreintes de la sienne.

LUCIO, *lui prenant la main.* Meurtrie?... Blanche et douce comme la main d'une femme qui sommeille... (*Très-haut.*) Maria, tu es une insensée.

MARIA. Je le sais bien. C'est une fatalité.

LUCIO. Une sottise; car c'est la volonté qui fait le destin; mais j'ai répondu au roi du grand-maître; il faut que je le trouve, et je le trouverai.

MARIA. Quoi!

LUCIO. Toi, Maria, pour détourner de moi la colère du roi, va lui faire le mensonge que tu viens de me faire; va lui dire que Frédéric t'a arraché cette bague; vas-y à l'instant, ou je lui dis la vérité!

MARIA. J'y cours.

LUCIO. Et maintenant que la reine est condamnée, Maria, oublie ton amour; songe à ta fortune; le roi t'aime; si tu as de l'esprit comme je t'en souhaite, bientôt tu peux être reine.

MARIA, *résolument.* Je le serai.

Elle sort par le fond à droite.

SCENE XIII.

LUCIO, *seul.*

Singulière situation que la mienne! Confident des amours de ma femme, et confident assez peu ému... Mais quand je ferais le jaloux, d'abord il faudrait que je fusse amoureux... Si j'enlevais ma femme, je perdrais ma place... Et puis, ce n'est pas sa faute à cette pauvre femme. Ce n'est pas la mienne non plus. Restons donc comme nous sommes, puisque nous sommes bien. (*Otant son chapeau.*) Providence! merci de ce que vous avez fait pour moi... Maintenant, il s'agit de prendre le grand-maître.... il aime la reine.... c'est dans l'Alcazar de Medina-Sidonia que je dois le trouver dans quelques jours; mais j'ai besoin pour cela de mon confrère Palmi... il se fait bien attendre...

SCENE XIV.

PALMI, LUCIO.

PALMI, *accourant.* Tu sais sans doute ce qui se passe? le malheur qui t'arrive! Le bruit court que le grand-maître s'est échappé.

LUCIO. Je le sais.

PALMI. Le roi est furieux contre toi et moi. Adieu nos places et notre fortune. Il te faudra revendre des manteaux de prophète.

LUCIO. Incline-toi.

PALMI, *il s'incline.* Je veux bien.

LUCIO. Et maintenant, Palmi, relève-toi de toute ta hauteur.

PALMI. M'y voilà.

LUCIO. Dis-moi, Palmi, le grand-maître te connaît-il?

PALMI. Il me croit honnête et sensible.

LUCIO. Il ne te connaît pas; c'est ce que je voulais.

PALMI. Que fait cela? il t'échappe.

LUCIO. Que ferais-tu, Palmi, si ta maîtresse était privée de sa liberté dans un château-fort dont tu croirais le gouverneur honnête et sensible?

PALMI. Je prierais le gouverneur d'ouvrir les portes à ma maîtresse, pour qu'elle en sortît.

LUCIO. Et s'il refusait?

PALMI. Je le prierais de me les ouvrir à moi, pour y entrer et voir ma maîtresse.

LUCIO. Et qu'arriverait-il, Palmi, si le gouverneur n'était qu'un faux honnête homme, dévoué aux intérêts d'un roi ton persécuteur?

PALMI. Il arriverait qu'une fois fermées sur moi, les portes du château ne s'ouvriraient plus...

LUCIO. Bien répondu.... Et dis-moi, Palmi, quelles sont les qualités d'un bon gouverneur de prison?

PALMI. A quoi bon cette enquête?

LUCIO. Tu vas le savoir. Quelles sont, dis-je, les qualités d'un bon gouverneur?

PALMI. Fidélité inviolable à celui de qui il tient son gouvernement.

LUCIO. Très-bien ! Quant à la compassion pour ce qu'on appelle de nobles infortunes...

PALMI. Fidélité inviolable à celui....

LUCIO. Parfaitement. Quant à la séduction de l'or...

PALMI. On prend l'or.

LUCIO. Palmi !

PALMI. Ce qui n'empêche pas : fidélité inviolable...

LUCIO. A la bonne heure !

PALMI. J'ai des principes.

LUCIO. Serais-tu bon gouverneur, Palmi?

PALMI. Oui.

LUCIO. Ton cœur?

PALMI. Dur comme un roc.

LUCIO. Sans vanité?

PALMI. Je suis modeste.

LUCIO. L'œil?

PALMI. Vigilant.

LUCIO. Et l'oreille?

PALMI. Attentive.

LUCIO. Le sommeil?

PALMI. Très-léger.

LUCIO. La confiance ?

PALMI. Nulle.

LUCIO, *tirant de sa poitrine le papier que Maria lui a glissé.* Gouverneur de l'Alcazar de Medina-Sidonia, seigneur Palmi, voici votre brevet signé de la main du roi de Castille!

PALMI. Excellent prince ! On l'appelle cruel, je ne sais pas pourquoi.

LUCIO. Parce qu'il n'a pas de gouvernemens à donner à tout le monde. Résumons-nous. Ma charge m'appelle auprès du roi. Tu vas partir pour la tienne. Palmi, m'as-tu compris?

PALMI. Il en doute!

LUCIO. La reine Blanche...

PALMI. Est un appât.

LUCIO. La prison...

PALMI. Un filet.

LUCIO. Frédéric...

PALMI. Un poisson.

LUCIO. Toi...

PALMI. Je suis le pêcheur.

LUCIO. Bravo ! Palmi. Bon voyage et bonne chance !

ACTE TROISIEME.

Une salle dans l'Alcazar de Medina-Sidonia. Porte latérale à droite et à gauche au fond. Fenêtre de même sur le premier plan. Une lampe allumée.

SCENE PREMIÈRE.

ANGELO, *devant la fenêtre de gauche.*

Il n'est pas encore jour.... Que ce château de Medina-Sidonia est triste!.... Et cependant, je suis heureux qu'on ne m'ait point séparé de la reine, qu'on m'ait permis de partager sa disgrâce. (*Regardant du côté de l'appartement de la reine, à droite.*) Pauvre reine! je puis d'ici apercevoir sa chambre à l'extrémité de cette longue galerie, et je passe quelquefois des nuits entières.... La porte s'ouvre : c'est elle, appuyée sur l'épaule de Flora.... Oh ! cachons mes larmes, essuyons mes yeux, jouons le calme et la sérénité. L'aspect de mon désespoir augmenterait le sien.

SCENE II.

ANGELO, LA REINE, FLORA.

ANGELO, *s'inclinant.* Madame...

LA REINE, *souriant tristement.* Angelo, je t'ai entendu et j'ai voulu recevoir tes hommages de meilleure heure qu'à l'ordinaire. Tu es mon seul courtisan.

ANGELO. Mais bien dévoué, madame.

LA REINE. Oui, je le sais. Aussi je compte que tu feras ce que je vais te demander.

ANGELO, *exalté.* Ah! que ne suis-je un homme pour protéger vos jours, un homme ayant d'autres hommes à ses ordres; mais que peut un enfant? je puis vous distraire, mais non pas vous défendre. Je voudrais être une arme, et ne suis qu'un jouet !

LA REINE. Ecoute, je n'espère plus rien pour moi.

ANGELO. Oh ! non; espérez, madame...

LA REINE. Regarde mes traits, Angelo; entends ma voix : mon visage est pâle et ma voix s'éteint. Demande à Flora : toutes mes nuits sont privées de sommeil.

ANGELO. Quoi !

LA REINE. Depuis dix jours, à chaque heure, à chaque instant, je me meurs et je me sens mourir.

ANGELO. Oh! il est sans doute quelque moyen...

LA REINE. Et voici ce que je désire que tu fasses pour moi.

ANGELO. J'écoute.

LA REINE. Ta captivité est volontaire, et tu n'auras qu'à réclamer la liberté pour l'obtenir.

ANGELO. Jamais, tant que...

LA REINE, *souriant tristement.* Je le veux; obéis, ou tu me feras souvenir, toi aussi, que je ne suis plus reine.

ANGELO. Vous me chassez ?

LA REINE. Je t'envoie à mon frère, le roi de France. Tu lui remettras ce portrait et cette lettre, dans laquelle je lui fais mes derniers adieux.

ANGELO. Et vous voulez que je parte après m'avoir dit que vous allez mourir !

REINE. Oui, je le veux; je t'en prie.

ANGELO. Je ne partirai pas.

LA REINE, *avec douceur.* Tu partiras, et voici, avec mon amitié, la seule récompense que je puisse offrir à ton dévouement. C'est tout ce qui me reste de ma grandeur passée.

ANGELO. Des diamans !

LA REINE. Tu es orphelin, sans famille, tu pourras avoir besoin de leur valeur.

ANGELO. Je les refuse.

Air :

Des diamans ! et qu'en pourrai-je faire,
S'il me faut aller loin de vous ?
Mon dévouement veut un autre salaire,
Et je le demande à genoux.
　　　　Il se met à genoux.
Oui, près de vous, toute ma récompense
Est de vivre, si vous vivez.
　　　　LA REINE.
Je vais mourir.
　　　　ANGELO.
　　　　　　　Toute mon espérance
Est de mourir, si vous mourez.

LA REINE. Angelo !

ANGELO, *animé.* Je ne partirai pas, c'est impossible!... Oh! j'avais tout prévu ; j'a-

vais bien pensé, vous êtes si bonne, que vous voudriez me rendre à la liberté; mais j'ai pris mes mesures, et vous auriez beau dire je veux ! vous ne seriez pas obéie... J'ai insulté exprès le gouverneur, et il m'a juré que je ne sortirais pas d'ici; je resterai près de vous... Je triomphe !

LA REINE, *faisant un signe à Flora qui se retire avec le portrait et l'écrin.* Noble et généreux enfant !

ANGELO. D'ailleurs pourquoi désespérer ?... Moi, j'ai le pressentiment que bientôt vous reverrez votre patrie, votre famille...

LA REINE. Tu espères?... Et qui viendrait, qui oserait me prêter son appui ?... Depuis trois mois que nous sommes ici avons-nous reçu quelques nouvelles ? un seul de ces serviteurs qui me juraient fidélité à toute épreuve a-t-il fait quelque tentative?

ANGELO. C'est que le gouverneur est impitoyable.

LA REINE. C'est que mon infortune a glacé leur courage... tout le monde m'abandonne ; et c'est de là, de cette affreuse pensée que me vient la douleur, le désespoir qui me tue.

Ici Frédéric paraît introduit par Palmi, il est en costume de guerre.

ANGELO. Oh ! non, il est encore, j'en suis sûr, des cœurs fidèles ; il est un homme surtout !

LA REINE. Aucun !

ANGELO. Frédéric d'Aragon !

∞∞∞∞∞∞∞∞∞∞∞∞∞∞∞∞∞∞∞∞∞∞∞∞∞∞

SCÈNE III.

ANGELO, FRÉDÉRIC, LA REINE

FRÉDÉRIC, *s'avançant.* Merci, Angelo. tu ne m'as pas méconnu, toi.

LA REINE. Frédéric !

FRÉDÉRIC. Cela vous étonne, madame. j'aurais cru cependant que vous m'attendiez.

LA REINE. Mais comment avez-vous pu?...

FRÉDÉRIC. Vous pensez donc que ce n'était pas là une chose bien aisée?... j'aime mieux, madame, cet étonnement que l'autre ; il justifie mon retard.

ANGELO, *exalté.* Eh bien! que disais-je !

FRÉDÉRIC. Le gouverneur de ce château est un homme cupide, je le savais; mais la difficulté était de pouvoir lui parler sans être vu de personne, afin qu'il pût concilier les apparences de sa fidélité à son maître, avec les désirs secrets de son avarice.

ANGELO. Eh bien?

FRÉDÉRIC. Je suis parti seul; je n'ai pas voulu être accompagné, pour ne pas éveiller de soupçons, et j'ai pu parvenir jusqu'au gouverneur.

ANGELO. Ensuite?

FRÉDÉRIC. Il a pris mes armes, et le reste a été facile; de l'or et la certitude que nul autre que lui ne serait témoin de mon entrée ni de ma sortie, l'ont déterminé sur-le-champ.

LA REINE. Me pardonnez-vous d'avoir douté?

FRÉDÉRIC. Je vous apporte l'espérance!

ANGELO. Oh!

FRÉDÉRIC. Aussitôt que mon frère, Henri de Transtamare, eut appris votre captivité, il en instruisit le roi de France; et du Guesclin doit faire tous ses efforts pour arriver jusqu'à vous, à la tête de l'armée française.

ANGELO. L'armée française!

FRÉDÉRIC. Il y a quinze jours que je l'ai quittée.

LA REINE. Oh! que je revoie l'étendard de France, et je ne regrette plus de mourir!

FRÉDÉRIC. Mais les chances de la guerre sont incertaines, et voilà pourquoi je suis venu, voilà pourquoi, en attendant que nous puissions vous délivrer à force ouverte, j'ai dû songer à veiller sur vos jours.

LA REINE. Que voulez-vous dire?

FRÉDÉRIC, *exalté.* Il faut, madame, il faut que bientôt, lorsque nous pourrons pénétrer jusqu'à vous, les armes à la main, nous vous retrouvions vivante et heureuse! il faut que de Castille en France, comme de France en Castille, les populations puissent s'écrier encore sur votre passage: Qu'elle est belle!

ANGELO. Quel bonheur!

LA REINE. Tout espoir n'est donc pas perdu?

FRÉDÉRIC. Mais défiez-vous de tout ici.

LA REINE. Allez, allez, sortez de ce château... je crains... n'exposez pas vos jours.

FRÉDÉRIC. Tenez-vous continuellement sur vos gardes, (*fausse sortie*) et surtout, surtout si Bozon, le médecin du roi, vient ici, défiez-vous de lui!

La reine s'appuie pâle et tremblante sur le dos d'un fauteuil.

ANGELO. Il y a dix jours qu'il est venu.

LA REINE. Et depuis, je me sens mourir...

FRÉDÉRIC. Malédiction!

ANGELO. Que faire?

FRÉDÉRIC. Oh! il n'est peut-être pas trop tard... je vais...

Frédéric court à la porte d'entrée à gauche.

UN GARDE. Vous ne pouvez pas sortir.

FRÉDÉRIC. Faites-moi parler au gouverneur.

LE GARDE. C'est l'ordre du gouverneur.

ANGELO. Ah! monseigneur, la reine!

Frédéric court à la reine. Les femmes paraissent. On emmène la reine défaillante dans la galerie à droite.

SCENE IV.

MARIA PADILLA, PALMI *par la gauche.*

PALMI, *s'inclinant vers la porte par où il est entré.* Madame... (*Maria paraît*) nous voici dans la salle retirée où vous m'avez dit que vous vouliez avoir avec moi un entretien particulier.

MARIA. C'est bien.

PALMI. Quel est le motif qui me procure l'honneur inespéré de vous recevoir dans ce château?

MARIA. Le roi, qui s'est mis en marche pour étouffer une révolte aux frontières de la Castille, ne pouvant encore venir me joindre à Valladolid, m'a donné rendez-vous dans ce château, où il n'arrivera que demain avec son escorte.

PALMI. Je le sais; le capitaine Lucio d'Altariva l'a devancé pour faire préparer les logemens.

MARIA. Le capitaine...

PALMI. Est arrivé une heure avant vous.

MARIA. Envoyez-le-moi.

PALMI. Il fait en ce moment l'inspection du château. Ah! c'est que nous avons de grandes précautions à prendre; je vous ai dit que le grand-maître est ici, mais j'ai eu le soin de le désarmer.

MARIA. Vous lui avez enlevé son épée?

PALMI. Je vous demande...

MARIA. Je vous demande la vôtre pour la remplacer.

PALMI. Mais j'ai promis à Lucio d'Altariva...

MARIA. Et à moi, n'avez-vous rien promis?

PALMI. Dévouement sans bornes, madame... ne vous dois-je pas tout ce que je suis?

MARIA. Donc, votre épée.

PALMI. Mais Lucio...

MARIA. Le capitaine et moi, nous n'avons qu'une volonté; d'ailleurs vous connaissez mon pouvoir... Si vous obéissez, magnifique récompense; si vous résistez... pendu!

PALMI, *déposant son épée sur un fauteuil à droite.* Voici.

MARIA. C'est bien. (*Palmi s'en va.*) Mais ce n'est pas tout.

PALMI. Quoi?

MARIA. Il y a, n'est-ce pas, à l'extrémité de cette galerie, *à droite*, une porte ?

PALMI. Doublée en fer, madame.

MARIA. Cette porte ouverte, on trouve un escalier qui conduit à une poterne?

PALMI. Oui, madame, et en ouvrant une autre porte aussi solide que la première...

MARIA. On sort du château?

PALMI. Oui, madame.

MARIA. Et si on prend la barque royale amarrée au bord de la rivière...

PALMI. Madame...

MARIA. Répondez.

PALMI. Il n'y a que moi qui aie le droit et le moyen de démarrer cette barque.

MARIA. Et, une fois la rivière passée, on est hors de l'atteinte de ceux qui partiraient d'ici pour vous poursuivre.

PALMI. Oui, madame; la barque du roi est la seule...

MARIA. Monsieur le gouverneur, allez chercher les clefs de ces deux portes.

PALMI. Pourquoi?

MARIA. Vous le saurez.

PALMI. Mais...

MARIA. Allez, vous dis-je.

PALMI. Toutefois...

MARIA. Pendu!

PALMI, *à part.* Ce mot-là vous prend à la gorge. (*Haut.*) Je n'ai plus rien à dire.

MARIA. A la bonne heure!

PALMI, *à part.* Prévenons Lucio. Pendu!

SCENE V.

MARIA.

C'est près de la reine que je le trouve, près de la reine qu'il aime... (*Elle soupire.*) Oh! qu'importe! il est noble et grand, cet homme! son dévouement est sublime!... Eh bien! je veux être pour lui ce qu'il est pour la reine; je veux être généreuse jusqu'au bout... Et d'ailleurs, en les sauvant tous deux, je concilie les intérêts de mon ambition avec ceux d'un amour que je ne puis vaincre, quoiqu'il soit désormais sans espérance. Oui, oui, je les sauverai. Lucio me secondera, je l'espère.... Depuis quelque temps mon mari semble me faire la cour.... La lettre qu'il m'a écrite de l'armée est pleine de protestations de dévouement; (*elle tire la lettre de son sein*) il m'appelle sa chère femme, son trésor... Il est vrai que, dans cette lettre, il me demande de l'argent, beaucoup d'argent... c'est de là peut-être que lui vient ce retour de tendresse.

SCENE VI.

MARIA, FRÉDÉRIC, *puis* LUCIO.

FRÉDÉRIC, *à la cantonnade.* Il faut absolument que je parle au gouverneur.

MARIA. C'est lui.

FRÉDÉRIC, *étonné.* Maria!

MARIA. Mon aspect vous alarme?

FRÉDÉRIC. Vous venez vous venger, madame?

MARIA. J'en aurais le droit, peut-être; mais regardez-moi, Frédéric, ai-je l'air d'une femme qui vient se venger?

FRÉDÉRIC. Quoi! vous seriez assez généreuse?

MARIA. Je viens pour vous sauver!

FRÉDÉRIC. Moi seul?... Et la reine?

MARIA. Oh! que vous l'aimez!

FRÉDÉRIC. J'ai promis à son frère, le roi de France, de la ramener dans sa patrie.

MARIA. Vous tiendrez votre promesse.

FRÉDÉRIC, *tombant à ses pieds.* Oh! Maria! comment m'acquitter jamais?...

LUCIO *entre et dit à part.* J'arrive à temps, je me doutais du coup *.

MARIA. Relevez-vous, grand-maître de Saint-Jacques, et répondez avec franchise et loyauté aux questions que je vais vous faire.

FRÉDÉRIC. J'écoute.

LUCIO, *à part.* Moi aussi.

MARIA. Votre intention, m'avez-vous dit, est de délivrer la reine et de la conduire en France ?

FRÉDÉRIC. Oui, madame.

MARIA. Et une fois là, de demander la rupture de son mariage?

FRÉDÉRIC. A l'instant.

MARIA. Eh bien! jurez-moi et je croirai à votre serment cette fois; car il ne sera pas fait contre elle; jurez-moi que vous et la reine, vous engagerez le roi de France à retirer les troupes qu'il dirige contre la Castille?

FRÉDÉRIC. Je le jure.

MARIA. A faire avec don Pèdre un traité de paix?

FRÉDÉRIC. Je le jure.

MARIA. Et vous espérez l'obtenir?

FRÉDÉRIC. J'y compte...

LUCIO, *à part.* Oui, comptez-y.

FRÉDÉRIC. Quand j'aurai dit à Charles V : C'est à ces conditions que votre sœur et moi, nous avons été sauvés par la plus magnanime des femmes...

MARIA. Encore une promesse.

FRÉDÉRIC. Laquelle?

* Lucio, Maria, Frédéric.

MARIA. Promettez-moi que vous et vos frères vous n'exciterez plus de révolte en Castille, et que vous ferez déposer les armes à tous vos partisans.

FRÉDÉRIC. Je le promets.

MARIA. Eh bien! allez rassurer la reine; revenez ici dans quelques minutes; bientôt vous serez libres tous deux.

LUCIO, *à part.* S'il me plaît.

FRÉDÉRIC. Il serait possible!

MARIA. Le gouverneur est ma créature.

LUCIO, *à part.* La mienne, je vous prie.

MARIA. Il favorisera votre évasion. Une porte vous sera ouverte à l'extrémité de cette galerie. Puis la porte extérieure qui n'est point gardée...

LUCIO, *à part.* Elle va l'être.

Faisant signe à un garde qui s'approche jusqu'au seuil de la porte de gauche.

MARIA. C'est par là que vous serez rendu à la liberté.

LUCIO, *bas au garde.* Le gouverneur.

Le garde disparaît.

FRÉDÉRIC. O Maria! Maria! je ne vous connaissais pas!

LUCIO, *à part.* Il me connaîtra, moi aussi.

MARIA. Adieu, soyez heureux.

LUCIO, *à part.* Et écrivez-moi.

Frédéric baise la main de Maria et se précipite dans la galerie de droite.

SCÈNE VII.

LUCIO, MARIA.

MARIA. Le roi n'arrive que demain, mon projet réussira.

LUCIO, *s'avançant.* Tu crois?

MARIA. Tu étais là?

LUCIO. Si je ne te surveillais pas!

MARIA. Et tu as entendu?

LUCIO. Tout.

MARIA. Eh bien! c'était pour te communiquer mon projet que j'avais dit au gouverneur de l'envoyer près de moi. Qu'en penses-tu?

LUCIO. Folie!

MARIA. Pauvre esprit!

LUCIO. Pauvre cœur!

MARIA. Tu n'as donc pas compris?

LUCIO. Parfaitement.

MARIA. Quel est mon but?

LUCIO. De te faire aimer de ce grand-maître que je déteste!

MARIA. Me faire aimer? Il aime la reine.

LUCIO. Et c'est après m'avoir promis, il

y a trois mois, d'oublier ton amour pour ne songer qu'à ta fortune, que je te retrouve près de lui.

MARIA. Mais c'est à ma fortune que je songe en sauvant la reine et le grand-maître.

LUCIO. Penses-tu m'abuser encore?

MARIA. Tu seras donc toujours méfiant?

LUCIO. Tu seras donc toujours perfide? Maria, ton amour t'égare et te perdra. Tu ne seras jamais reine.

MARIA. Je le serai, le roi me l'a promis; mais il ne suffit pas de prendre cette haute position, il faut encore s'y maintenir.

LUCIO. Je ne vois pas que le salut du grand-maître...

MARIA. Si le roi fait mourir demain la reine et Frédéric, l'armée française passera la frontière, les partisans du grand-maître exciteront de nouvelles révoltes à l'intérieur. Attaqué par tant d'ennemis, penses-tu que le trône de don Pèdre puisse rester long-temps debout?

LUCIO. Nous combattrons; j'aime la guerre.

MARIA. Mais d'où te vient cette haine?

LUCIO. Contre Frédéric? Il est plaisant que tu me le demandes!

MARIA. Mais une fois en France, je ne le verrai plus; il ne reviendra pas en Castille.

LUCIO. Les amans reviennent de partout... excepté de la tombe.

MARIA. Quoi! tu voudrais...

LUCIO. J'ai promis au roi d'arrêter le grand-maître; il y va de ma place.

MARIA. Mais le roi ne pourra t'accuser de cette évasion. Une fois la reine et le grand-maître loin d'ici, nous irons à la rencontre du roi, et nous lui dirons que le gouverneur est un traître, et que...

LUCIO. Je ne veux pas que le gouverneur soit compromis. Il m'a sauvé la vie le jour où le roi ordonnait ma mort.

MARIA. Mais il fuira avec eux.

LUCIO. Je t'ai dit que je hais le grand-maître et que le roi le trouvera ici demain.

UN GARDE. Madame, un messager du roi attend votre grâce.

MARIA, *à part.* Du roi! (*Haut, au garde.*) Je vous suis. (*Le garde sort.*) Lucio!

LUCIO, *froid.* Chère amie.

MARIA. Eh bien?

LUCIO. Inébranlable.

MARIA. Mon ami, mon mari!...

LUCIO. Ton mari?... Oui, j'ai les titres

sans la possession ; tu es ma propriété, et un autre en a l'usufruit.

MARIA. Je te laisse, je vais savoir ce que me veut ce messager du roi, et à mon retour, tu auras réfléchi, et je suis sûre que tu approuveras mon projet.

LUCIO. Je suis sûr du contraire.

MARIA. Tu as donc tout oublié ? Il y a dix ans, Lucio, tu ne me refusais rien.

LUCIO. Et toi, tu m'accordais tout.

MARIA. Eh bien ! à mon retour, demande à ta femme ce que tu désires : de l'or, de nouveaux honneurs, tu auras ce que tu voudras ; (*coquette*) songes-y, ce que tu voudras.

Elle sort à gauche, en lui souriant.

SCENE VIII.

LUCIO, *seul*.

Je ne veux rien... que puiser à souhait dans les coffres du roi. Oui, oui, compte que tes cajoleries auront quelque puissance sur moi ! Elle est jolie pourtant, plus jolie que jamais.... Mais à quoi vais-je penser après dix ans d'interrègne !.. J'ai bien envie, pour répondre à ses hypocrites caresses, de la payer de la même monnaie et de faire le jaloux : c'est dans mon rôle de mari outragé.

SCENE IX.

PALMI, LUCIO.

PALMI, *accourant*. Lucio !

LUCIO. D'où te vient cet air effaré ?

PALMI. Ta femme, que j'ai rencontrée, m'a renouvelé la menace de me faire pendre, si je ne consentais pas à favoriser l'évasion de la reine et du grand-maître.

LUCIO. Et je te fais pendre si tu la favorises... Choisis.

PALMI. Mais tu me donnes à choisir....

LUCIO. Rassure-toi ; ma femme ne fera que ce que je voudrai.

PALMI. Voilà un maître homme !

LUCIO, *désignant la droite*. Où sont les clefs de ces deux portes ?

PALMI, *les donnant*. Les voici. Tu te défies de ton ami ?

LUCIO. Non ; mais je compte beaucoup plus sur moi.

PALMI. Tu me blesses !

LUCIO, *à un garde à gauche*. Holà ! quatre gardes à l'extérieur de la dernière porte, avec injonction de ne pas bouger sans un ordre du roi, du roi, entendez-vous ? (*Le garde sort.*) Et maintenant, que ma femme les délivre si elle peut !

PALMI. Vous faites un singulier ménage ensemble !

LUCIO. Mais non, ménage ordinaire : deux volontés opposées... Hâte-toi de placer ces gardes.

PALMI. Et tu me garantis que je ne serai pas...

LUCIO. Oui, si désormais tu exécutes sur-le-champ, sans examen, tout ce que je te dirai.

PALMI. Compte sur moi.

Il sort.

SCENE X.

LUCIO.

Enfin, je vous tiens et de manière à ce que vous ne puissiez plus m'échapper, grand-maître de Saint-Jacques. Ah ! vous aviez cru pouvoir vous passer de moi si vous fussiez monté sur le trône. Vous me sacrifiiez froidement à votre politique ; vous me jetiez dans les ténèbres d'un cachot. Faute grave, monseigneur : en voyant ce que je puis contre vous, vous saurez ce que j'aurais pu pour vous.

SCENE XI.

LUCIO, FRÉDÉRIC.

FRÉDÉRIC, *à Angelo, qui le suit à droite*. Angelo, veille bien sur la reine. Je vais voir si Maria...

Angelo rentre.

LUCIO. Maria Padilla a promis au grand-maître par-delà ses pouvoirs.

FRÉDÉRIC. Que voulez-vous dire ?

LUCIO. Elle vous a promis la liberté.

FRÉDÉRIC. Et vous vous opposez, capitaine, à ce qu'elle me soit rendue ?

LUCIO. C'est mon devoir.

FRÉDÉRIC. Ne trouvez-vous pas du moins qu'il est bien pénible à remplir ?

LUCIO. Non, monseigneur.

FRÉDÉRIC. Quoi ! cette reine infortunée...

LUCIO. La reine est à plaindre, car elle n'a pas mérité son sort.

FRÉDÉRIC. Et moi, monsieur ?

LUCIO. Ah ! vous, c'est différent.

FRÉDÉRIC. Pourquoi ?

LUCIO. Parce que vous avez conspiré, parce que vous avez voulu me faire destituer.

FRÉDÉRIC. C'était une nécessité de ma position.

LUCIO. C'est une nécessité de la mienne.

FRÉDÉRIC. Si je n'envisageais que moi seul, je subirais mon sort, et ne descendrais pas à des propositions ou à des prières; mais la reine, monsieur, n'aurez-vous point pitié de la reine?

LUCIO. Il ne m'appartient pas d'agir contrairement aux ordres de mon maître.

FRÉDÉRIC. Et si le roi de France promettait à votre ambition beaucoup plus que ne vous a donné le roi de Castille?

LUCIO. Je mets une grande différence entre tenir et attendre. Je garde ce que je tiens.

FRÉDÉRIC. Et si je vous jurais..

LUCIO. Vous aviez juré, monseigneur, d'être fidèle à Maria Padilla.

FRÉDÉRIC. Monsieur!

LUCIO. C'est un fait.

FRÉDÉRIC. Ainsi donc, vous voulez nous livrer à la vengeance du roi?

LUCIO. Je lui dois obéissance.

FRÉDÉRIC. Mais c'est un crime qu'il vous ordonne.

LUCIO. Un acte de justice, relativement à vous.

FRÉDÉRIC. Capitaine, vous oubliez trop que vous parlez au grand-maître de Saint-Jacques.

LUCIO. Grand-maître de Saint-Jacques, vous oubliez que vous êtes mon prisonnier.

FRÉDÉRIC, s'avançant. Je désire revoir Maria Padilla.

LUCIO. Vous ne passerez pas le seuil de cette porte.

FRÉDÉRIC. Capitaine!

LUCIO, portant la main à son épée. Vous ne passerez pas. (A part) J'ai le droit d'empêcher un amant de parler à ma femme.

FRÉDÉRIC, dédaigneux. La belle prouesse pour un homme de guerre, que de barrer le passage avec une épée, à un homme sans armes!

LUCIO. Oh! qu'à cela ne tienne, monseigneur; le hasard nous sert bien tous deux. (Désignant le siége sur lequel est l'épée de Palmi.) Voyez, voilà de quoi vous ouvrir un passage!

FRÉDÉRIC, saisissant l'épée. Ah!... maintenant, je reverrai Maria.

LUCIO. Vous ne la verrez pas!

FRÉDÉRIC. Eh bien! sachez que je vous fais honneur, monsieur, en croisant le fer avec vous.

LUCIO. Honneur et plaisir, monseigneur.

FRÉDÉRIC, dégaînant. En garde donc, et pour la reine!

LUCIO, dégaînant. Pour le roi! (A part.) Et pour moi.

SCÈNE XII.

LUCIO, MARIA, FRÉDÉRIC.

MARIA, accourant. Que faites-vous?

FRÉDÉRIC. Maria!

LUCIO. Laissez-nous.

MARIA, à Frédéric. Au nom de la reine, retirez-vous!

FRÉDÉRIC. Il veut s'opposer à votre noble dessein.

MARIA. Il va s'y associer, je vous le jure.

LUCIO. Oui, vous m'avez trouvé dans de belles dispositions!

MARIA, à Frédéric. La reine est perdue, si vous restez...

FRÉDÉRIC. Perdue!... c'est à revoir, monsieur le capitaine.

LUCIO. Je l'entends bien ainsi, monseigneur.

Frédéric rentre à droite.

SCÈNE XIII.

LUCIO, MARIA.

MARIA. Tu es donc inexorable?

LUCIO. Que t'avais-je dit?

MARIA. Écoute-moi, Lucio : le roi, dans son impatience de me revoir, a quitté un jour plus tôt le bourg de Santos Ladrones, et il me fait dire par son messager qu'il sera ici vers la fin du jour.

LUCIO, froid. Eh bien?

MARIA. Il faut que dans une heure la reine et le grand-maître soient hors du château.

LUCIO. Ils n'y seront pas.

MARIA. Ils y seront.

LUCIO. Oh! j'ai pris mes mesures. Quatre hommes gardent la porte de France à l'extérieur, et voici les clefs que je me suis fait remettre par Palmi.

MARIA. Ah!

LUCIO. Et je ne sors pas de cette salle.

MARIA. Ni moi non plus.

LUCIO. Nous voilà en tête à tête, comme il convient à une femme et à un mari.

MARIA, s'asseyant à droite. Viens donc t'asseoir près de ta femme.

LUCIO, à part. Elle veut me séduire.

MARIA. Regarde-moi.

LUCIO. Avec plaisir.

MARIA. Comment me trouves-tu?

LUCIO. Charmante.

MARIA. Et tu ne feras rien pour moi?

LUCIO. C'est pour toi que je voulais tuer le grand-maître.

MARIA. Donne-moi ta main.

LUCIO. La tienne est brûlante!... Ah! si le grand-maître n'était pas là, et qu'il me fût permis d'attribuer à mon mérite l'agitation de cette jolie main...

MARIA. Eh bien?

LUCIO. Eh bien, ce serait flatteur pour moi.

MARIA. Pourquoi cette modestie, Lucio? tu es mieux que le grand-maître.

LUCIO. Mais je suis ton mari; voilà ce qui me nuit.

MARIA. Tu as été mon premier amour.

LUCIO. Il ne paraît pas que je doive être le dernier.

MARIA. Cela dépend de toi.

LUCIO. Une femme fait quelquefois un mari de son amant; mais un amant de son mari! cela ne s'est jamais vu.

MARIA. Cela sera pourtant, Lucio, si tu cèdes à ma prière, si tu consens à sauver le grand-maître.

LUCIO, *se levant après l'avoir regardée.* Parlons d'autre chose, ma chère amie.

MARIA, *se levant.* Mais, mon Dieu! tu crois peut-être que je l'aime encore!... L'aimer, lui! après ce qu'il a fait!... Non, non, son salut est un acte politique, voilà tout.

LUCIO. Tant que cet homme vivra, je ne serai sûr de rien.

MARIA. Mais une fois parti, une fois loin de moi... Oh! que tu connais mal les femmes!

LUCIO. Et qui a la prétention de les bien connaître?

MARIA. Auprès d'elles, Lucio, les absens ont toujours tort.

LUCIO. Les morts ont bien plus tort encore, et voilà pourquoi...

MARIA. Tu me refuses?

LUCIO, *s'éloignant.* Brisons là.

MARIA. Et tu dis que tu m'aimes? Et moi qui étais assez folle pour le croire! Oui, il m'avait semblé, depuis quelque temps, que tes regards s'arrêtaient sur moi avec bonheur...

LUCIO, *à part.* Quand je manque d'argent, c'est vrai.

MARIA, *montrant la lettre de Lucio.* Il me semblait, en lisant cette lettre, lire encore celles qu'il m'écrivait, il y a dix ans, lorsque la guerre le tenait séparé de moi.

LUCIO. C'est le même sentiment qui a dicté celle-ci.

MARIA. Eh bien! si cela est vrai, Lucio,

ne l'est-il pas aussi qu'on accorde tout à la femme qu'on aime?

LUCIO. Oui, tout, excepté de donner beau jeu à un rival.

MARIA, *s'animant.* Mais ce rival, Lucio, il y a quelques mois, ne te portait point ombrage; tu me laissais seule avec lui dans les bosquets du Buen-Retiro; tu t'associais à mon projet de le faire monter sur le trône.

LUCIO, *jouant le jaloux.* C'est qu'il y a trois mois, je n'étais pas jaloux; c'est qu'il y a trois mois je sortais d'une longue misère, et le bien-être matériel suffisait seul à mon bonheur. Mais, depuis quelque temps, mon indifférence pour l'amour que cet homme t'inspire n'est que de l'hypocrisie; je cherche à faire bonne contenance: je suis un fanfaron, Maria. Je sens l'amertume de la honte; mais je veux avoir l'air de la boire sans grimacer.

Il sourit à part.

MARIA. Lucio!

LUCIO. Cet homme ne sortira pas vivant d'ici.

MARIA. Décidément, tu me refuses?

LUCIO. Décidément.

MARIA. Ton parti est bien pris?

LUCIO. Bien pris.

MARIA. Eh bien! Lucio, désespérée de la mort du grand-maître, car c'est moi qui l'ai jeté dans une conspiration, qui suis la cause de sa perte, je n'attendrai pas que le remords me tue.

LUCIO. Oh! non, tu l'oublieras, Maria, et alors, j'espère...

MARIA. Tu espères?... Ceci, Lucio, est entre toi et moi un sujet de rupture éternelle, et en pareil cas, deux personnes qui ont cessé de s'aimer, se rendent réciproquement les gages d'un amour qui n'est plus.

LUCIO. Que veux-tu dire?

MARIA. Il y a dix ans, je t'ai écrit deux lettres que tu as conservées.

LUCIO. Précisément; bien m'en a pris, chaque caractère m'a rapporté une poignée d'or.

MARIA. Rends-les moi et voici la tienne.

LUCIO. Te rendre tes lettres! Pour qui me prends-tu?... L'amour que j'ai pour toi, Maria, est sincère, mais il n'est pas fou.

MARIA. Quel prix peuvent-elles avoir pour toi?

LUCIO. C'est un talisman qui ne me quitte pas, et qui me garantit des mauvais desseins de ma femme.

MARIA. Quoi!

LUCIO. Tu sais bien que le jour même

où je m'apercevrais que ma présence t'importune, le roi lirait ces lettres, et nous serions perdus tous deux, n'est-ce pas, quand le roi saurait que les premiers battemens de ton cœur n'ont pas été pour lui ?

MARIA. Oh! oui, perdus !

LUCIO. Voilà pourquoi je les garde... Quant à toi, Maria, tu ne dois pas tenir à conserver la mienne.

MARIA. Pour qui me prends-tu donc, Lucio ?

LUCIO, *alarmé.* Eh !

MARIA, *animée.* Es-tu persuadé que j'aime le grand-maître ?

LUCIO. Il n'y a qu'à te regarder quand tu parles de lui.

MARIA. Eh bien! cet homme que j'aurais fini par oublier, sans doute, s'il meurt, je le vengerai.

LUCIO. Comment ?

MARIA. En donnant au roi cette lettre, et nous serons perdus tous deux, n'est-ce pas, quand le roi saura que les premiers battemens de mon cœur n'ont pas été pour lui, mais pour toi ?

LUCIO, *à part.* Le besoin d'argent m'a fait faire une sottise.

MARIA. Eh bien ?

SCENE XIV.

MARIA, PALMI, LUCIO.

PALMI, *accourant.* Le roi...

MARIA *et* LUCIO. Le roi !

PALMI. Est à quelques pas du château.

MARIA. Le grand-maître et la reine vont mourir; le roi aura cette lettre.

LUCIO. Elle est capable de tout... elle a le diable au corps !

MARIA, *ouvrant la fenêtre de gauche.* Eh bien, Lucio ?...

LUCIO. Il est trop tard maintenant.

MARIA. Trop tard par ta faute. Trouve un moyen, Lucio... Le roi traverse la cour, il va passer sous cette fenêtre. (*Elle met en dehors de la fenêtre la main qui tient la lettre.*) Et je puis... Eh bien! Lucio, ton esprit si fertile en expédiens serait-il tout-à-coup devenu stérile ?... Le soin de conserver ta vie ne t'inspire donc rien ?... Regarde, Lucio, ma main tremble, et je n'ai qu'à l'ouvrir pour que cette lettre s'en échappe et que l'arrêt de notre mort tombe aux pieds du roi... Rien ! rien ! tu restes immobile; tu ne réponds pas ?... Eh bien !

Mouvement pour jeter la lettre.

LUCIO, *vivement, après avoir rêvé.* Je les saurerai !

Maria retire la main.

PALMI. Que signifie ?...

LUCIO, *rapidement.* Palmi, tu dois exécuter sur-le-champ et sans examen tout ce que je te dirai.

PALMI. Mais je...

LUCIO. Ou pendu !

MARIA. Pendu !

LUCIO, *à Palmi.* Tu l'entends, nous sommes d'accord; te voilà entre deux gibets.

PALMI. Sans compter le roi qui me fera mourir quand il saura...

LUCIO. Tu fuiras avec la reine et le grand-maître, et tu auras une bonne place à la cour de France.

PALMI. Mais je ne comprends pas ?

LUCIO. Eh! qu'as-tu besoin de comprendre ? n'as-tu pas fait fortune jusqu'ici sans cela ? ne suis-je pas ton étoile ?... Palmi, le temps presse ! si ton hésitation fait avorter ce projet, je dis au roi que tu es un traître, et tu tombes mort à ses pieds.

PALMI. Que faut-il faire ?

LUCIO, *vivement.* Le roi sait-il que le grand-maître est ici ?

PALMI. Oui.

LUCIO. Eh bien! écoute...

SCENE XV.

LE ROI, MARIA, LUCIO, PALMI.

MARIA, *avec effroi, à part.* Le roi ! (*Avec sourire au roi.*) Le roi !

LE ROI. Bien impatient de vous revoir.

Il lui baise la main.

MARIA. J'arrive à l'instant, monseigneur.

LUCIO. Et j'entre avec ma f.....avec madame.

LE ROI. Capitaine, je suis content de votre zèle; vous m'aviez promis d'arrêter le grand-maître, et je sais qu'il est ici.

LUCIO, *troublé.* Il ne peut vous échapper, monseigneur.

Il fait un signe à Maria.

LE ROI. Je ne prendrai dans ce château qu'un repos de quelques heures... L'armée française menace la frontière... nous marcherons à elle, et nous l'attendrons dans quelques jours.

MARIA, *à Lucio, bas.* Eh bien ?

LE ROI, *désignant la porte de droite.* Capitaine, veillez à cette porte. Et vous, gouverneur, allez ordonner les apprêts du supplice du grand-maître, je veux qu'il soit public, nous partirons après.

PALMI, *bas à Lucio*. Que faire?

LUCIO, *bas à Palmi*. Demande un ordre de sa main.

LE ROI. Eh bien?

PALMI. Monseigneur, dans une aussi grave circonstance, donne toujours un ordre signé de sa main.

LE ROI, *se dirigeant vers la table de gauche, il écrit*. C'est juste.

MARIA, *bas à Lucio*. Je vais...

LUCIO, *bas à Maria*. Attends. (*Bas à Palmi*.) Tu feras retirer les gardes en leur montrant cet ordre, et tu auras soin de fermer...

Il lui parle bas en lui montrant la galerie de droite et de gauche, puis il lui remet les clefs.

LE ROI, *écrivant*. Exécutez les ordres du gouverneur... moi, le roi.

PALMI, *prenant l'ordre, à part*. Je l'échapperai belle, si j'en réchappe.

Il sort par la gauche.

LUCIO, *bas vivement à Maria*. Gagne du temps.

MARIA, *allant au roi*. Enfin vous voici, monseigneur.

Elle va s'asseoir près de lui et déploie une grande hypocrisie de caresses.

LUCIO, *à part*. Comment faire? le roi m'a dit de ne pas quitter cette porte!

LE ROI. Eh bien! Maria, as-tu vu la reine?

MARIA. Non, monseigneur.

LUCIO, *à part*. Quel parti prendre?

LE ROI. Si tu l'avais vue, Maria, tu saurais que tu n'as pas long-temps à attendre.

MARIA. O monseigneur!...

LE ROI. Oui, Maria, avant la fin de ce jour, il n'y aura plus de reine en Castille; et alors...

MARIA. Et vous pensez, monseigneur, que c'est l'espérance d'une couronne qui m'éblouit; tout ce que je désire de vous, c'est votre amour, rien que cela.

LE ROI. Tu en auras bientôt une preuve éclatante.

MARIA. Moi, monseigneur, la femme de l'homme le plus vaillant de l'Europe?... mais c'est à en devenir folle!

LUCIO, *à la fenêtre de droite, à part*. Palmi fait retirer les gardes.

MARIA. Oh! je suis si émue!

Elle se tourne du côté de Lucio et le regarde avec expression.

LE ROI, *à part*. Comme elle m'aime!

Lucio fait à Maria un signe d'espérance.

MARIA, *épanouie, se tournant vers le roi*. Oh! si vous saviez ce que j'éprouve en ce moment?

LUCIO, *à part, à la fenêtre*. La reine et le grand-maître ne paraissent pas encore!

LE ROI. Et plus tard, Maria, après la guerre, quand tous les rebelles seront soumis,...

MARIA. Que m'importe le reste!

LE ROI, *à part*. Elle n'est pas ambitieuse.

MARIA. Ne plus te quitter, t'environner de mon amour, voilà ce que je veux.

LE ROI. Tu seras reine.

MARIA. Eh bien! alors je prendrai pour moi les soucis de la suprême puissance, et ne t'en laisserai que les plaisirs; tu te reposeras sur mon amour et sur mon zèle du soin de nommer aux emplois tes amis les plus dévoués, qui me sont mieux connus qu'à toi-même.

LUCIO, *à part, à la fenêtre*. Les voilà!

MARIA. D'en éloigner ceux dont la fidélité est chancelante ou la félonie avérée.

LUCIO, *à part*. Si le roi se doutait...

MARIA. Ainsi jamais aucun soupçon n'arrivera jusqu'à toi; aucune crainte n'assiégera ta pensée; l'outrage et la rébellion commis et châtiés à ton insu ne seront pour toi ni rébellion ni outrage; et don Pèdre, du fond d'un sanctuaire impénétrable aux complots de ses ennemis, régnera sur la Castille, sans passion et sans colère, comme on voit Dieu régner sur l'univers!

LE ROI, *se levant*. Ton âme est noble et grande, Maria! et il me tarde de montrer à mes sujets que tu n'es pas seulement la plus jolie et la plus spirituelle femme de Castille.

LUCIO, *à part*. Oh! je tremble!

LE ROI. Mais le gouverneur se fait bien attendre.

LUCIO, *pour gagner du temps et prendre ses précautions*. Depuis quelque temps, le seigneur Palmi s'acquitte avec négligence de ses devoirs; en arrivant ici, j'ai trouvé un désordre...

LE ROI. Ah!

LUCIO. Oui, monseigneur, ma présence a paru le surprendre et le contrarier; il refusait même de me remettre le commandement du château, que je venais prendre de votre part.

LE ROI. Il sera remplacé demain ; et maintenant, je veux dégrader moi-même Frédéric de la grand-maîtrise de Saint-Jacques.

Il fait un pas vers Lucio.

MARIA, *bas à Lucio.* S'il les aperçoit...

LUCIO, *à part.* Prenons les devants. (*Haut à la fenêtre.*) Ciel !

LE ROI. Qu'y a-t-il ?

LUCIO. Le traître !

LE ROI. Qu'est-ce donc ?

LUCIO. Le gouverneur qui fuit avec la reine et le grand-maître !

LE ROI, *courant à la fenêtre.* Se pourrait-il ?... Capitaine, courez dans cette galerie, et moi je vais donner des ordres.

Il sort par la gauche.

MARIA. Tout est perdu !

LUCIO, *qui a fait quelques pas vers la galerie de droite revient vivement, et dit de même à Maria.* Ne crains rien ; j'ai dit à Palmi de fermer derrière lui toutes les portes ; c'est nous qui sommes prisonniers.

MARIA, *à la fenêtre.* Ils sont à l'autre bord.

LUCIO. Maintenant, impossible de les atteindre.

LE ROI, *revenant.* Tout est fermé de ce côté.

LUCIO, *désignant la galerie.* Ici de même.

LE ROI. Et ils m'échapperont ! (*Il court à la fenêtre de gauche.*) Au roi ! venez au roi !

LUCIO, *à Maria, bas.* Ils ont disparu !

MARIA, *heureuse.* Oh !

LE ROI. Brisez toutes les portes... et qu'à l'instant un ordre...

Il écrit.

LUCIO, *toujours près de la fenêtre de droite, bas à Maria.* Ils sont sauvés !

MARIA, *bas.* Par toi ?

LUCIO, *bas.* Par moi.

MARIA, *bas.* Je t'aime !

LUCIO, *démasquant et désignant la fenêtre, bas.* Je m'efface pour que ton mot aille à son adresse.

MARIA, *court à la fenêtre, bas.* Sauvés ! oui, sauvés. (*Se tournant vers Lucio.*) Lucio, que veux-tu être ?

LUCIO. Grand d'Espagne !

MARIA. Tu le seras.

LUCIO. Et grand-maître de Saint-Jacques !

MARIA. Tu le seras.

On entend à droite et à gauche un grand bruit de portes brisées.

LE ROI, *se levant.* Enfin ! (*Des gardes, des officiers en grand nombre se précipitent dans la salle ; la scène est hérissée de piques et d'épées.*) Messieurs, la reine et le grand-maître... (*Il jette un coup d'œil à la fenêtre de droite et s'écrie.*) Trop tard ! vous arrivez trop tard ; mais n'importe, leur triomphe n'est pas complet... la reine emporte la mort avec elle ; elle n'atteindra pas la frontière. Maria Padilla, votre main. Messieurs, inclinez-vous devant la reine de Castille.

Il la prend par la main. Tout le monde s'incline. Le roi et Maria s'avancent pour sortir au milieu des gardes.

LUCIO. Voici une bonne journée ! (*Désignant la fenêtre de droite.*) Je succède à un prince, (*désignant Maria et le roi*) et j'ai un roi pour successeur.

ÉPILOGUE.

Même décor qu'au Prologue.

SCÈNE PREMIÈRE.

Au lever du rideau, l'on voit des gens du peuple groupés autour de plusieurs tables, d'autres s'entretiennent avec action dans le fond.

CHŒUR.

Air *du Prologue.*

Le ciel nous est propice
Car nous triomphons en ce jour,
Que Valladolid retentisse   ) *bis.*
De cris de notre amour ;   )
Le ciel nous est propice,
Ah ! pour nous quel beau jour !   *4 fois.*

SCÈNE II.

LES MÊMES, ANGELO, *sortant du palais à droite.*

ANGELO. Oui, mes bons amis, livrez-vous à la joie. La mort de votre jeune reine sera vengée. Vous vous souvenez combien elle était douce et bonne ! elle ne vous oublia jamais. J'ai recueilli ses dernières paroles : Angelo, me dit-elle, si, un jour, tu retournes en Espagne, dis à mes fidèles Castillans qu'une de mes dernières pensées a été pour eux.

LE PEUPLE, *attendri.* Oh !

ANGELO. Mais laissez-moi, mes amis, j'aperçois...

SCÈNE III.

LES MÊMES, FRÉDÉRIC, DEUX GENTILS-HOMMES.

FRÉDÉRIC, *courant à Angelo.* Angelo !
ANGELO, *courant à lui.* Monseigneur !

REPRISE DU CHŒUR.

Pendant ce temps, Frédéric et Angelo se témoignent la plus vive amitié ; puis le peuple sort à gauche, et sur un signe de Frédéric, les deux gentilshommes entrent dans le palais.

FRÉDÉRIC. Angelo, c'est donc toi ? noble enfant, je n'espérais plus te revoir.

ANGELO. Ne vous avais-je pas dit, monseigneur, que si la reine succombait, je voulais suivre la fortune de ses vengeurs ? Me voici. Oh ! qu'il me tardait de me retrouver près de vous, pour vous parler d'elle ! J'arrive à l'instant à Valladolid avec quelques seigneurs français, et ne vous ayant pas trouvé au palais, j'allais à votre rencontre. Quelles nouvelles, monseigneur ?

FRÉDÉRIC. Tu sais que lorsque j'eus accompagné la reine jusqu'à la frontière de France, et que je l'eus laissée sous la protection de ses serviteurs, l'honneur me faisait un devoir de rentrer en Castille, de joindre mon frère Henri, pour combattre don Pèdre ?

ANGELO. Eh bien ?

FRÉDÉRIC. Le ciel a favorisé nos armes. Don Pèdre a été battu dans plusieurs rencontres, et tandis que mon frère le tient assiégé dans le château de Montiel, je suis venu, en son nom, il y a quelques jours, sommer Valladolid de m'ouvrir ses portes. J'ai été reçu au milieu des acclamations, et aujourd'hui, d'un moment à l'autre, j'attends des nouvelles de l'armée de Henri.

ANGELO. Oh ! que la reine n'a-t-elle vécu jusqu'à ce jour, pour jouir de vos triomphes !

La porte de l'hôtellerie de droite s'ouvre, et on voit l'hôtelier repoussant un homme dont on ne distingue pas les traits.

FRÉDÉRIC. Viens, Angelo, entrons au palais. Viens me parler de la reine.

SCÈNE IV.

LUCIO, *costume du prologue,* L'HO-TELIER.

LUCIO, *à l'hôtelier.* J'arrive, je suis fatigué ; je te paierai plus tard, hôtelier du diable. (*On lui ferme la porte au nez.*) Il me refuse un gîte, à moi, à moi qui, il y a un an, n'aurais eu qu'à dire à mes gardes :

Démolissez cett emaison, pour qu'il ne restît pas pierre sur pierre... O fortune! tu n'as jeté qu'un rapide éclair dans les ténèbres de ma vie, et me voici replongé dans mon obscurité!... je ne puis pas cependant loger à la belle étoile... J'ai écrit à Palmi pour le prévenir de mon arrivée à Valladolid... Sachons s'il est rentré au logis. (*Il va pour frapper à la porte de l'hôtellerie de gauche, et aperçoit Palmi qui vient du fond.*) Ah!

SCENE V.

LUCIO, PALMI, *costume du prologue.*

PALMI, *stupéfait.* C'est toi, cher ami!

Ils s'embrassent.

LUCIO, *l'examinant du haut en bas.* Et moi qui croyais te retrouver riche et partager avec toi!

PALMI, *de même.* Et moi à qui la nouvelle de ton arrivée avait aiguisé l'appétit!

LUCIO. Je suis allé en France pour te rejoindre.

PALMI. Tandis que je revenais en Castille pour te revoir!

LUCIO. Qui te prendrait pour un ex-gouverneur?

PALMI. Croirait-on que voilà un roi de Castille, comme tu t'appelais?

LUCIO. Le sort est un railleur froid et cruel!... Mais enfin comment se fait-il?...

PALMI. Je t'adresserai la même question après avoir répondu à la tienne. Lorsque je fus arrivé en France, je demandai à don Frédéric d'Aragon la récompense de mon service; mais il ne s'abusait pas plus sur le mérite de mon dévouement à la reine que sur le mérite du tien, et il me renvoya en me disant que tout ce qu'il me devait, c'était l'absolution de mes erreurs et une forte somme; il me donna l'une et l'autre.

LUCIO. Qu'as-tu gardé?

PALMI. L'absolution.

LUCIO. Et l'argent?

PALMI. Englouti; le jeu, les femmes....

LUCIO. Habitudes contractées à la cour.

PALMI. Et toi, Lucio, qu'as-tu fait de la fortune?

LUCIO. Demande-moi plutôt ce que la fortune a fait de moi.

PALMI. Je sais que tu as perdu ta protectrice?

LUCIO. Oui, le roi qui avait promis de l'épouser, et qui l'avait conduite à Tolède pour cela, rencontra dans cette ville une beauté nouvelle dont il fut épris, Juana de Castro. Un profond chagrin s'empara de Maria Padilla et...

PALMI. Pauvre femme!

Ils s'attendrissent hypocritement.

LUCIO. Dès ce moment mon étoile a pâli; et soit qu'un ami de cour m'eût desservi auprès du roi, soit que le roi eût trouvé des preuves de mes anciennes relations avec Maria Padilla, un soir mon logement fut brusquement envahi et je n'eus que le temps de fuir pour mettre mes jours en sûreté!

PALMI. Mais tu emportais avec toi...

LUCIO. Assez de philosophie pour me consoler de ma chute, comme dans ma fortuite grandeur, j'avais conservé assez de raison pour ne pas m'en laisser éblouir.

PALMI. Moi aussi, après avoir gémi quelques jours, j'ai pris mon parti et j'ai considéré notre élévation comme un rêve.

LUCIO. Oui un rêve; car nous voici comme il y a un an, sous le même costume, sur la même place.

PALMI. A l'endroit même où tu me disais: la fortune est changée!

LUCIO. Je te le dis encore; mais ce n'est plus dans le même sens.

PALMI. Tu me disais aussi: Viens à la cour, chez moi!

LUCIO. Chez moi, veut dire aujourd'hui sur la place publique.

PALMI. Quoi! tu n'as pas de gîte?

LUCIO. Non.

PALMI. Alors nous logeons sous le même toit.

LUCIO. Ah!

PALMI. Mais l'amitié nous reste, nous partagerons la même fortune.

LUCIO. Rien dans ta bourse, rien dans la mienne; le partage est tout fait.

PALMI. Bah! dans quelques heures nous pourrons les remplir peut-être.

LUCIO. Tu cultives toujours les arts?

PALMI. Toujours. Et toi que vendras-tu aujourd'hui?

LUCIO. Je n'en sais rien encore; mais il faut que je vende quelque chose.

Il regarde autour de lui et ramasse des pierres qu'il met dans son sac.

PALMI. Que fais-tu donc?

LUCIO. Je cherche des reliques.

SCENE VI.

LES MÊMES, LE PEUPLE, UN MESSAGER.

LE MESSAGER, *une dépêche à la main.*

Bonnes nouvelles! bonnes nouvelles! Où est le grand-maître de St.-Jacques?

Des gardes paraissent dans le vestibule du palais, et laissent passer le messager. Des groupes de peuple se forment. Ils expriment la curiosité, l'agitation.

LUCIO, *bas à Palmi.* C'est sans doute le triomphe de Henri que ce messager vient annoncer à son frère.

PALMI. De Henri, tu crois?...

LUCIO. Oui.

PALMI.

Air du Prologue.

Henri, roi de Castille,
Prince brave et galant, etc., etc.

LUCIO. Chrétiens, mes frères, j'arrive de France et suis de passage à Valladolid. J'ai rapporté de Notre-Dame de Paris quelques débris sacrés du tombeau de St.-Denis, un maravédis le paquet.

Le peuple se détourne d'eux sans donner un maravédis.

PALMI, *à Lucio.* Dis-donc : ils n'aiment plus la musique dans ce pays.

LUCIO. Et le commerce des reliques est usé.

SCÈNE VII.

LES MÊMES, ANGELO, FRÉDÉRIC, GARDES *et* GENTILSHOMMES.

ANGELO. Victoire! victoire!

FRÉDÉRIC. Oui, Castillans, celui qui vous opprimait n'est plus. Mon frère, Henri de Transtamare vient d'être proclamé roi de Castille.

Il se perd parmi la foule.

LE PEUPLE. Vive le roi!

PALMI. Vive le roi!

ANGELO. Les hôteliers doivent aujourd'hui donner gratis au peuple ce qu'il demandera.

Le peuple s'attable. Les hôteliers portent du vin.

LUCIO, *bas à Palmi.* Nous prendrons part au banquet.

Ils s'asseoient.

ANGELO, *à un officier.* Monsieur de Novera, le roi Henri devant faire son entrée, demain dans Valladolid, l'ordre du grand-maître de Saint-Jacques est d'en chasser à l'instant même tous les vagabonds et les gens sans aveu.

Il désigne Lucio et Palmi.

LUCIO, *bas à Palmi.* Dis-donc : mes gardes qui voudraient m'arrêter! (*Il se lève et Palmi aussi.*) Quittons la ville, Palmi, ne nous séparons plus et tâchons de devenir honnêtes, puisque nous ne pouvons plus devenir riches.

Les gardes s'avancent. Lucio et Palmi s'en vont lentement, tandis qu'Angelo et le peuple les regardent et les désignent du doigt, en chantant la reprise du chœur.

FIN.

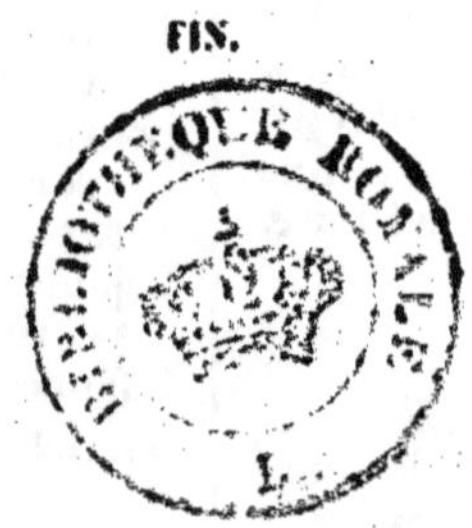

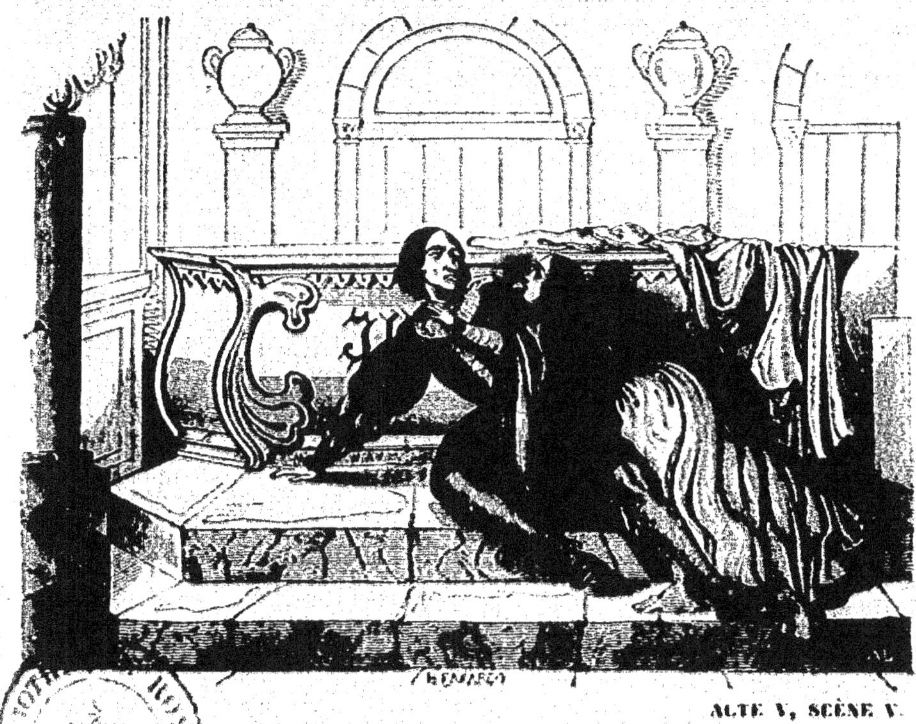

ROMÉO ET JULIETTE,

TRAGÉDIE EN CINQ ACTES, EN VERS,

Par M. Frédéric Soulié,

REPRISE AU THÉÂTRE ROYAL DE L'ODÉON, LE 16 DÉCEMBRE 1837.

PERSONNAGES.	ACTEURS.	PERSONNAGES	ACTEURS.
CAPULET, riche seigneur de Vérone	M. AUGUSTE.	LOREM, serviteur de Capulet.	M. VINCENT.
ROMÉO-MONTAIGU, idem.	M. LOCKROY.	JULIETTE CAPULET.	Mme ANAÏS.
TALERMI, savant, et premier magistrat de Vérone.	M. BEAUVALET.	BERTHA, sa nourrice.	Mme LAMBERT.
ALVAR, seigneur espagnol.	M. MICHELOT	UNE JEUNE FILLE.	Mlle FERDINAND.
LOTHARIO, noble du parti de Capulet.	M. PAUL.		

SERVITEURS DE CAPULET, HOMMES D'ARMES DE CAPULET, NOBLES, SEIGNEURS, DAMES ET JEUNES FILLES DU PARTI DE CAPULET.

La scène est à Vérone, dans le palais de Capulet.

ACTE PREMIER.

Le théâtre représente une salle en marbre. A gauche du spectateur, est une porte très-visible qui conduit dans l'appartement de Juliette. A droite est une fenêtre qui ouvre sur la campagne, et qui paraît à une grande hauteur. Au fond est une porte qui donne dans l'intérieur du palais, et qui laisse découvrir une vaste salle qui précède le lieu de la scène

SCENE PREMIERE.

CAPULET, ALVAR, BERTHA.

Au lever du rideau, Bertha est assise à droite sur le devant de la scène. Capulet entre par la porte de gauche, Alvar par celle du fond. Ils se serrent la main en entrant. Bertha se lève aussitôt que Capulet paraît.

CAPULET.

Bertha, chez Talermi rendez-vous à l'instant,
Dites-lui qu'en ces lieux Juliette l'attend ;
Que moi-même, alarmé du tourment qui l'obsède,
J'espère un prompt secours des secrets qu'il possède.
Dites à Talermi quelle morne langueur
S'empare de ma fille et dévore son cœur.
Allez et hâtez-vous, déjà la nuit s'avance ;
Vous qui de Juliette avez nourri l'enfance,
Sans doute, vous saurez mieux que nul serviteur
Prévenir le danger de la moindre lenteur,
Votre cœur, je le sais, partage mes alarmes.
Jusque chez Talermi des serviteurs en armes
Vous suivront ; son palais est près de ce séjour,
Et je compte le voir avant la fin du jour.

16.

LONGUE-ÉPÉE. Mais la vengeance ?

NICÉTAS. Aussi !

LONGUE-ÉPÉE. Et la justice ?

NICÉTAS. Dieu n'attend pas que les hommes la fassent, et Dieu la fait toujours... Écoutez tous... (*Lisant un parchemin.*) « J'ajoute ici, moi, que les assassins du » prince Alexis et tous leurs complices sont » condamnés à mort, fussent-ils issus du » sang même des Comnène. Signé, An- » dronic Comnène. » Et le patrice Pho- cius vient de déclarer qu'il a frappé le prince par ordre d'Andronic... Que main- tenant la sentence s'exécute ; que meur- rent l'assassin et le complice, car Dieu qui fait toujours justice a permis que l'empe- reur... signât lui-même son arrêt de mort.

TOUT LE MONDE. A mort ! à mort !

ANDRONIC, *riant convulsivement.* A mort ! dites-vous ?... Et je vous défie tous... Vous voulez ma vie... vous ne la prendrez pas... (*il se frappe*) car le poison de ce poignard aura glacé mes sens avant que vous ayez posé la première planche de mon écha- faud... Que vous faut-il encore ?... ma couronne... (*courant vers la fenêtre et la jetant*) je la jette dans la fosse aux lions... prenez-la donc !.... Et maintenant le man- teau des Césars... il est taché du sang de l'empereur maudit... nul de vous n'oserait y toucher... qu'il m'enveloppe donc dans le cercueil... Andronic s'était promis de monter sur le trône et d'avoir la pourpre impériale pour linceul.... Andronic s'est tenu parole... car la pourpre est sur mes épaules... et... déjà... la mort... le froid... Oh !... je ne savais pas que ce poison... Oh! grâce... sont-ce donc déjà les tourmens de l'enfer ?... (*Tombant à terre.*) Oh !... grâce... un prêtre... un... un prêtre !...

Il expire.

NICÉTAS. Mort !...

SCÈNE X.

LES MÊMES, MICHEL.

MICHEL, *accourant à Longue-Épée.* Sei- gneur, la galère vous attend au port... Déjà les esprits s'agitent, les rues se rem- plissent de gens armés,... et des proclama- tions excitent d'horribles querelles...

LA COMTESSE. Partons... mon fils... hâtons-nous...

LONGUE-ÉPÉE. Oui, ma mère... en France !.. en France !...

NICÉTAS. En France, dites-vous, quand la gloire est à Constantinople... Déjà les Langes, les Ducas se forment des partis... les ambitions se lèvent,.. mais à vous, dernier des Comnène, les varangues et le sénat, à vous la gloire et le trône de l'empire...

La comtesse, Agnès et Michel se pressent autour de
Longue-Epée avec inquiétude.

LONGUE-ÉPÉE. Moi ! monter sur un trône où mon père n'a pu rester qu'en répudiant ma mère... Moi ! régner dans une cour où j'ai vu condamner ma mère et ma fiancée... Je ne m'appelle point Comnène, mais le comte de Montfort dit Longue-Épée... Je ne veux pas un trône que je ne pourrais défendre que par la trahison et d'où je tom- berais par la trahison, mais un bon château fort que je pourrai défendre avec l'épée... c'est Dieu qui me conseille... En France... ma mère... (*à Agnès.*) en France !...

NICÉTAS. Et qui donc, mon Dieu ! ré- gnera demain sur l'empire d'Orient ?...

LONGUE-ÉPÉE. Qui donc? Une reine qui toujours punit et décime les peuples in- soucians et blasés... (*Cris et tocsin au de- hors.*) Entendez-vous : ces cris de la foule sont ses concerts... Ce tocsin ! c'est la voix de cette reine impitoyable.

NICÉTAS. Grand Dieu!... la guerre civile...

LONGUE-ÉPÉE. La guerre civile !

Tumulte au dehors, tocsin, effroi des sénateurs.

FIN.

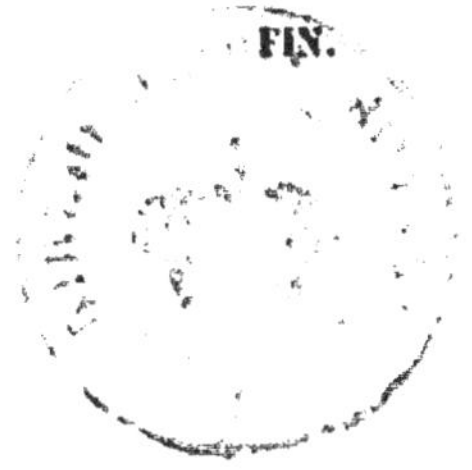